TENHO UM ALUNO COM DISORTOGRAFIA: E AGORA?

COMISSÃO EDITORIAL DA OBRA

Maria Nobre Sampaio

Fonoaudióloga (Unesp). Mestra e Doutora em Educação (Unesp). Pós Doutorada Júnior pelo CNPq. Especialista em Linguagem e em Fonoaudiologia Educacional (CFFa). Docente Voluntária do Departamento de Fonoaudiologia da UFES e Fonoaudióloga Clínica da "Desenvolver - Centro de desenvolvimento cognitivo" (Vitória/ES).

Rita de Cássia Duarte Leite

Fonoaudióloga pela Pontifícia Universidade Católica de Goiás – PUC/GO. Mestra em Ciências da Saúde pela Faculdade de Medicina da Universidade Federal de Minas Gerais (UFMG). Doutora em Psicologia pela Faculdade de Filosofia e Ciências Humanas da Universidade Federal de Minas Gerais (UFMG). Fonoaudióloga com atuação clínica nas áreas de linguagem e aprendizagem. Fonoaudióloga educacional com enfoque no processo de alfabetização e transtornos de aprendizagem. Coordenadora científica e professora do Curso de Especialização em Linguagem com ênfase no Desenvolvimento Infantil da FonoAprimorar, em parceria com a FACSET/MG. Professora do Curso de Especialização em Linguagem com Enfoque nos Distúrbios de Linguagem, Aprendizagem e na atuação em âmbito educacional do CEFAC/FAMOSP.

Suzelei Faria Bello

Fonoaudiólogia pela Universidade Estadual Paulista Júlio de Mesquita Filho (1994), Licenciatura em Pedagogia (2012), Mestrado em Educação Especial (Educação do Indivíduo Especial) pela Universidade Federal de São Carlos (2009) e Doutorado em Educação Especial - Univerdidade Federal de São Carlos (2013). Pós-Doutorado em Ciência Tecnologia e Sociedade(UFSCar) Especilista em Fonoaudiologia Educacional. Aprimoramento em Linguagem Infantil e Especialização em Intervenções Precoces no Autismo, baseado no Modelo Denver. Pesquisadora do Centro de Pesquisa e Desenvolvimento Infantil. Fonoaudiologa Clinica do Centro de Pesquisa e Desenvolvimento Infantil - CPEDI. Consultora de Escolas do Ensino Infantil da rede privada com Experiência na área de Linguagem, Educação Especial e Inclusiva. Vice-coordenadora do Comitê de Educação Especial da Sociedade Brasileira de Fonoaudiologia gestões 2010-2022 e 2023-2025.

Coleção
Aos Mestres com Carinho

TENHO UM ALUNO COM DISORTOGRAFIA: E AGORA?

ORGANIZADORAS

SIMONE APARECIDA CAPELLINI
ANDREA OLIVEIRA BATISTA

Artesã

Tenho um aluno com disortografia: e agora?

DIRETOR
Alcebino Santana

DIREÇÃO DE ARTE
Tiago Rabello

REVISÃO ORTOGRÁFICA E GRAMATICAL
Lígia Serrano Lopes

REVISÃO DAS NORMAS ABNT
Michele de Souza Lopes

CAPA
Artesã Editora/Walkiria P. Campos

DIAGRAMAÇÃO
Conrado Esteves

Catalogação na publicação
Elaborada por Bibliotecária Janaina Ramos – CRB-8/9166

T292

Tenho um aluno com disortografia. E agora? / Organização de Simone Aparecida Capellini, Andrea Oliveira Batista; Prefácio de Rita de Cássia Duarte Leite. – Belo Horizonte: Artesã, 2024.

(Aos mestres com carinho)

Organização da coleção: Ângela Mathylde Soares

152 p.; 16 X 23 cm

ISBN 978-85-7074-128-8

1. Disortografia. 2. Fonoaudiologia. 3. Psicopedagogia. 4. Linguagem. I. Capellini, Simone Aparecida (Organizadora). II. Batista, Andrea Oliveira (Organizadora). III. Leite, Rita de Cássia Duarte (Prefácio). IV. Título.

CDD 616.8552

Índice para catálogo sistemático
I. Disortografia

IMPRESSO NO BRASIL
Printed in Brazil

(31)2511-2040 (31)99403-2227
www.artesaeditora.com.br
Rua Rio Pomba 455, Carlos Prates - Cep: 30720-290 | Belo Horizonte - MG
/artesaeditora

APRESENTAÇÃO DA COLEÇÃO

Profa. Dra. Ângela Mathylde Soares

A Coleção AOS MESTRES COM CARINHO é um diálogo com conteúdo sobre o dia a dia do chão de sala de aula com a intenção e objetivo de responder indagações e inquietações das perguntas sem respostas. O famoso "*e agora*?".

Esta coleção tem o desejo de trazer a valorização dos profissionais de educação.

Precisamos entender que essa ação de valorizar não está ligada apenas a remuneração, mas sim a dar condições para que os envolvidos no processo do educar e do aprender tragam bagagem pedagógica que acompanhe as novas tecnologias e as novas aprendizagens.

E não podemos nos esquecer das novas parcerias feitas com a educação, como a psicopedagogia, a saúde, a ciência, o direito e várias outras áreas presentes na educação do século XXI.

A Informação hoje é rápida, dinâmica e imediata, e com isso, com esta nova geração de estudantes, é necessário um professor que caminhe nesse mesmo território. Assim, há necessidade de capacitar e renovar para acompanhar as tão desejadas mudanças.

Precisamos alinhar as ações incluindo a capacitação dos docentes, as parcerias das famílias e o casamento com a ciência, trazendo respaldo a esta formação, com intuito, intenção e garantia de melhora constante do ensino.

Esta coleção será um encontro carinhoso, respeitoso e eficaz sobre o tema que trabalhará a qualificação e a motivação dos nossos mestres e os envolvidos nesta gestão.

Uma equipe qualificada e preparada para as demandas de sala de aula é de suma importância, aliás, fundamental para que este objetivo seja cumprido.

Entendemos que esta coleção é um investimento importante que trará um conforto para professores, alunos, gestores e profissionais da educação, que possibilitará uma melhoria nas questões, individualidade e empoderamento do aluno – o que se fará por volumes e temáticas pontuais, possibilitando, assim, para o profissional da educação, ter informação ampla e bem assertiva sobre cada assunto proposto.

É importantíssimo ressaltar os benefícios que esta coleção trará aos cursos universitários, favorecendo a reflexão de que, no processo, precisam receber com a teoria, a prática e o envolvimento uma metodologia que traga excelência e respeite as competências e habilidades de nossos alunos.

A prática em sala de aula tem que nortear o aluno e o professor em atividades que estimulem a criatividade e a pesquisa baseada em evidências, por meio de um marco teórico fundamentado.

Pensando nessa discrepância entre o que se aprendeu na faculdade e a realidade de uma sala de aula, nasce a coleção AOS MESTRES COM CARINHO, para auxiliar responder os agoras dos profissionais da educação. Nasce uma coleção que se importa com a educação de qualidade e com evidência.

E não podemos nos esquecer do professor e de todos os envolvidos neste processo de receber o melhor de nós.

Com muito carinho, como professora, dedico esta coleção aos profissionais da educação, com o coração cientificado e motivado. Espero que esta experiência seja proveitosa. Curta os volumes e responda às perguntas que não querem calar!

O meu MUITO OBRIGADA!

APRESENTAÇÃO DAS ORGANIZADORAS

O Livro intitulado "*Tenho um aluno com Disortografia: e agora?*" é uma importante obra direcionada para professores e profissionais que atuam na área da Educação.

O conteúdo deste livro apresenta 9 importantes temas relacionados à Disortografia e seu impacto na aprendizagem acadêmica que, muitas vezes, são pouco conhecidos ou reconhecidos dentro do ambiente de sala de aula.

Os autores, de forma didática, discorreram sobre as implicações deste transtorno específico da aprendizagem para a alfabetização, para o desenvolvimento da escrita ortográfica, destacando a necessidade dos profissionais da área educacional em conhecer melhor este transtorno para poder adequar e adaptar as situações de ensino-aprendizagem das crianças com Disortografia.

Desta forma, nós organizadores desta obra, desejamos que os leitores, sejam estes professores ou profissionais da equipe técnica-pedagógica, aperfeiçoem e aprofundem os seus conhecimentos para que as suas práticas possam melhorar o manejo das crianças com Disortografia em sala de aula, pois, somente desta forma, será garantido o direito ao pleno desenvolvimento educacional destas crianças.

SIMONE APARECIDA CAPELLINI

ANDREA OLIVEIRA BATISTA

PREFÁCIO

A *coleção, "Aos Mestres com Carinho"*, organizada pela Dr.ª Ângela Mathylde Soares, surgiu com o intuito de responder as inquietações e as indagações dos profissionais da Educação ao terem em suas salas de aula, escolares com Transtornos do Neurodesenvolvimento, suscitando a seguinte pergunta: "e agora?"

Este livro, intitulado: *"Tenho um aluno com Disortografia. E agora?"*, faz parte das obras relacionadas aos Transtornos Específicos de Aprendizagem: Dislexia, Disortografia, Discalculia e Disgrafia da *coleção "Aos Mestres com Carinho"*.

A obra é composta por nove capítulos, os quais foram escritos por autores com expertise clínica e pesquisadores científicos na área da Ortografia do Português Brasileiro, bem como de seus transtornos, como a Disortografia. Portanto, é uma obra que contribuirá na formação continuada e na prática diária dos professores.

Antes de trazer à tona, a essência de cada capítulo, faço uma breve reflexão sobre qual é a importância dos temas Ortografia e Disortografia serem levados à sala de aula. Primeiro, o Português Brasileiro é um sistema de escrita alfabético; sendo assim, o professor, ao ensinar Ortografia, deve compreender os princípios que regem a conversão dos fonemas em grafemas e trazê-los para a sala de aula de modo explícito e sistemático, para que os alunos caminhem na apropriação do sistema ortográfico do Português Brasileiro, com sucesso. Segundo, e quando o educando não domina a apropriação ortográfica por apresentar um transtorno, por exemplo, como a Disortografia, como ajudá-lo?

Assim, a obra em questão trata, principalmente, dessas duas questões. Mas não só, visto que outros aspectos a serem considerados no processo ensino/aprendizagem da Ortografia também são abordados.

Alguns capítulos apresentam as bases para a compreensão do princípio alfabético no processo ensino/aprendizagem, como o terceiro capítulo: "O Ensino Da Ortografia No Sistema Scliar De Alfabetização", escrito pela autora **Leonor Scliar-Cabral**, que expõe, clara e didaticamente os conhecimentos sobre a fonologia e a morfologia do português oral necessários para o entendimento das regras de codificação do fonema-grafema do português. As autoras, **Mirian Aratangy Arnaut** e **Maria Mercedes Saraiva Hackerott**, do capítulo oito: "Desvios Morfossintáticos e Ortográficos", reforçam as bases teóricas necessárias para o entendimento dos erros de Ortografia, fazendo uma correlação com a consciência morfossintática. Apresentam, a importância do conhecimento fonológico, ortográfico e morfológico na aprendizagem da linguagem escrita. Já, o capítulo um: "Definição e Manifestações da Disortografia", das autoras **Thaís Contiero Chiaramonte**, **Andrea Oliveira Batista** e **Simone Aparecida Capellini**, aborda a definição, a etiologia e as manifestações ortográficas, na Disortografia. Discorrem, ainda, sobre o processo da avaliação; assunto importante para que o professor possa identificar os escolares com dificuldade na apropriação da Ortografia.

Agora, quando o tema são estratégias eficazes para serem desenvolvidas em sala de aula, com o escolar com Disortografia, o capítulo dois: "O Olhar Psicopedagógico para a Disortografia", da autora **Raquel Maria Biral Faconti**, trabalha com essa temática e traz medidas educacionais, quanto às questões de pontuação e desconto de notas, por causa dos erros ortográficos. O capítulo seis: "Como o Professor Pode Estimular a Autocorreção da Ortografia em Sala de Aula", das autoras **Flávia Benevides Foz** e **Márcia Oliveira Soligo**, busca trazer estratégias que, além de levarem o aluno a refletir no processo de apropriação da Ortografia, promove a autorregulação e a capacidade de autocorreção. O capítulo sete: "Adaptação Curricular na Disortografia: Estratégias Educacionais Para a Compreensão de Funcionamento do Sistema", da autora **Adriana Vanisia Mendlovitz Albino**, discute as adaptações curriculares necessárias para a compreensão das práticas de ensino da Ortografia, além de trazer mais estratégias para a sala de aula, no ensino de escolares com Disortografia. As autoras **Renata Graziele Morini Albrecht** e **Simone Aparecida Capellini**, no capítulo nono: "O Ensino da Ortografia para Escolares com Disortografia – Guia para Professores", discorrem a respeito do ensino da Ortografia para escolares com diagnóstico de Disortografia e descrevem estratégias e práticas para o manejo e o ensino das regras ortográficas, levando o educando à reflexão e à apropriação delas, reforçando os aspectos discutidos nos capítulos dois, seis e sete.

Os capítulos quatro e cinco, discutem aspectos que devem ser considerados na aprendizagem da Ortografia, mas que estão além dela, como o processamento visual e a situação ambiental, como o bilinguismo. As autoras **Monique Herrera Cardoso** e **Thaís Contiero Chiaramonte**, no capítulo quatro: "A importância do Processamento Visual para a Aprendizagem da Ortografia", trata, justamente, da apresentação da importância do processamento visual na abstração, na interpretação e na atribuição de significado no momento da realização da leitura de palavras e na escrita ortográfica. Por isso, as autoras, ainda listam estratégias que ajudarão no desenvolvimento da percepção visual. Já, no capítulo cinco ("A Escrita no Âmbito do Bilinguismo: O que Precisamos Compreender?"), a autora **Luciana Cidrim** pontua como deve ser o ensino do sistema ortográfico quando há bilinguismo; ou seja, a necessidade de reconhecimento dos padrões ortográficos de ambas as línguas, as quais o escolar está exposto, levando-o a refletir em suas semelhanças e diferenças.

Dessa forma, verifica-se que a leitura dessa obra é de extrema relevância para o professor, pois o formará e o guiará em sua prática de ensino da Ortografia do Português Brasileiro, em escolares típicos e com Disortografia.

RITA DE CÁSSIA DUARTE LEITE

Fonoaudióloga
Dr.ª em Psicologia Do Desenvolvimento Humano
Mestra em Ciências da Saúde

DEFINIÇÃO E MANIFESTAÇÕES DA DISORTOGRAFIA

Thaís Contiero Chiaramonte

Andrea Oliveira Batista

Simone Aparecida Capellini

O conhecimento sobre o transtorno da escrita ortográfica é fundamental dentro do cenário educacional, pois coloca o professor na situação de assumir práticas de ensino da ortografia eficazes, quando ele tem possibilidades de diferenciar o aluno com dificuldades na aprendizagem da ortografia daquele que tem um transtorno na aprendizagem e uso dos padrões ortográficos esperados para a escrita correta das palavras. Desta forma, este capítulo tem o objetivo de apresentar ao professor de maneira clara e concisa a definição, a etiologia e as manifestações da Disortografia.

INTRODUÇÃO

Quando as crianças iniciam suas vidas escolares, entre o final do ensino infantil e início do Ensino Fundamental I, elas passam a realizar uma reflexão da fala para então desenvolverem a leitura e a escrita, isso ocorre por meio do ensino-aprendizagem das habilidades metalinguísticas, que possibilitam o acesso consciente ao nível fonológico da palavra e também à manipulação das sílabas e fonemas. Conforme o contato com a linguagem escrita vai aumentando, os escolares desenvolvem cada vez mais essas habilidades, auxiliando-os, posteriormente, na compreensão dos níveis mais avançados da leitura e da escrita (Cárnio *et al.*, 2006; Gindri; Keske-Soares; Mota, 2007; Fernández *et al.*, 2010; Germano; Capellini, 2015).

Como a ortografia é adquirida por meio de um processo evolutivo, onde o escolar deve ir se apropriando das regras e convenções ortográficas da sua língua, é esperado que com o passar dos anos escolares, as crianças deixem, cada vez mais de se apoiarem no aspecto fonológico da língua e passem a compreender o sistema ortográfico (Zorzi, 1998, 2008; Batista; Chiaramonte; Capellini, 2019). Contudo, quando isso não ocorre é necessário investigar o motivo dessa não aprendizagem e pensar nos quadros de Disortografia.

DEFINIÇÃO E ETIOLOGIA

Segundo o DSM-V (APA, 2014), a Disortografia é chamada de Transtorno Específico de Aprendizagem com prejuízo na expressão escrita, codificado como 315.2 (F81.81).

Essa dificuldade se inicia nos primeiros anos escolares e deve permanecer por pelo menos 6 meses após o escolar ser submetido às intervenções ortográficas, pois a Disortografia deixa-o com o desempenho muito abaixo do esperado para a idade e escolaridade. Contudo os obstáculos para a aprendizagem acadêmica não são atribuíveis às deficiências intelectuais, transtornos de acuidade visual e/ou auditiva ou, ainda, à inadequada instrução educacional (APA, 2014).

Desta forma, podemos afirmar que a Disortografia é um padrão de escrita que não segue as regras ortográficas convencionalmente estabelecidas naquela língua, portanto os escolares que iniciam a alfabetização com dificuldades na aprendizagem da ortografia podem chegar ao final do ensino fundamental sem dominar o sistema ortográfico (Cérvera-Mérida; Fernández, 2006; Manzano; Sanz; Chocano, 2008; Fernández *et al.*, 2010; Batista; Chiaramonte; Capellini, 2019).

No DSM-V (APA, 2014) não há especificada a prevalência para o Transtorno Específico de Aprendizagem com prejuízo na expressão escrita, porém em um estudo (Berninger; Hart, 1992) foram encontrados achados que mostram a incidência de 1,3 a 2,7%, numa amostra de 300 escolares, com comprometimento da grafia das palavras, ou seja, comprometimento de planejamento e produção motora sequencial das letras do alfabeto. Neste mesmo estudo, 4% dos escolares estudados apresentaram comprometimento na ortografia e de 1 a 3% dos escolares apresentaram comprometimento de produção textual. Em outro estudo, Fletcher e colaboradores (2009) analisaram o estudo acima citado e chegaram à conclusão que, levando em conta os diferentes critérios usados para definir os transtornos específicos de aprendizagem ao longo dos anos, os transtornos de escrita podem afetar pelo menos 10% da população em idade escolar.

Assim sendo, a Disortografia pode ter sua etiologia nos transtornos neuropsicológicos e cognitivos-linguísticos, por conta das alterações de base auditivas e visuais, sendo uma entidade pura/legítima ou em associação com a Dislexia do Desenvolvimento (Muñoz *et al.*, 2005; Capellini; Germano; Cunha, 2009; Batista, 2011).

MANIFESTAÇÕES

Antes de falarmos das manifestações da Disortografia, é de extrema importância ter em mente que este quadro, quando não está associada ao quadro de Dislexia do Desenvolvimento, é rara (Pattamadilok *et al.*, 2009; Fletcher *et al.*, 2009), pois os escolares com Dislexia do Desenvolvimento apresentam déficits fonológicos que ocasionam alterações na compreensão de leitura e na escrita ineficiente (Dias; Ávila, 2008; Cappelini; Cunha; Batista, 2009; Batista; Chiaramonte; Capellini, 2019; Chiaramonte; Capellini, 2019).

O sistema de escrita do português brasileiro é caracterizado pela Transparência e Opacidade ortográfica, sendo a transparência ortográfica as regularidades (cada fonema corresponde a apenas um grafema e vice-versa) e sendo a opacidade ortográfica as irregularidades (um grafema que corresponde a mais de um fonema e vice-versa) (Meirelles; Correa, 2006; Fernández *et al.*, 2010). Tendo por base a transparência e opacidade do português brasileiro, Batista e Capellini (2011) elaboraram um protocolo de avaliação da ortografia que deve ser corrigido segundo a semiologia dos erros (Batista *et al.*, 2014). A semiologia dos erros é classificada em Ortografia Natural e Ortografia Arbitrária, na qual os erros de Ortografia Natural têm relação direta com o processamento da fala e da linguagem e os erros de Ortografia Arbitrária estão relacionados às regras e às irregularidades da notação ortográfica da palavra (Batista; Capellini, 2019).

Abaixo encontram-se duas figuras com exemplos de erros ortográficos a partir da semiologia dos erros.

Figura 1 – Exemplo da classificação dos erros ortográficos segundo a sua semiologia – Ortografia Natural

Fonte: Elaborado pelas autoras.

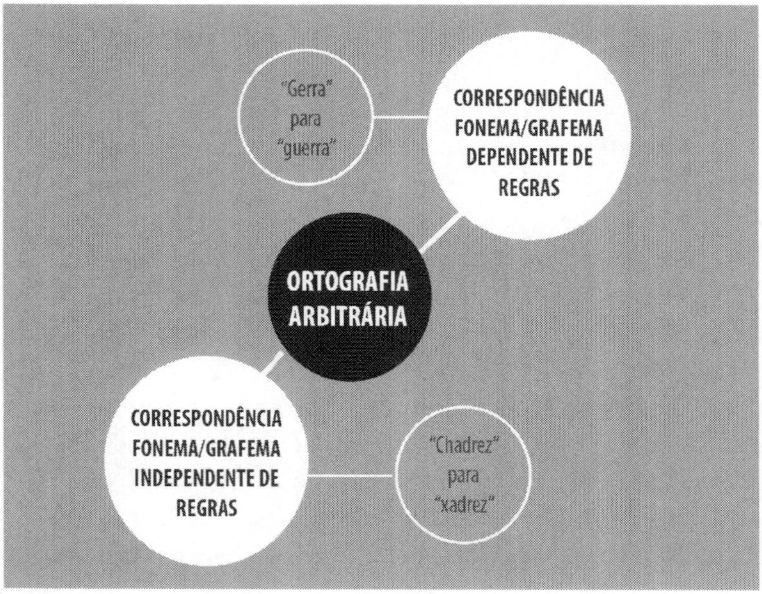

Figura 2 – Exemplo da classificação dos erros ortográficos segundo a sua semiologia – Ortografia Arbitrária

Fonte: Elaborado pelas autoras.

AVALIAÇÃO E INTERVENÇÃO ORTOGRÁFICA

A avaliação da ortografia é muito importante, pois deve oferecer ao avaliador qual o nível ortográfico que o escolar se encontra, mostrando quais são os tipos de erros ortográficos e a frequência que se encontram na escrita (Zorzi; Ciasca, 2008; Fernández *et al.*, 2010). Para a avaliação pode-se observar os trabalhos escolares realizados com autonomia, ditados de palavras e/ou frases, escrita espontânea de textos, ditado de pseudopalavras e demais formas de escritas que forneça as informações necessárias sobre o conhecimento ortográfico do escolar (Cervera-Mérida; Fernández, 2006; Manzano; Sanz; Chocano, 2008; Meirelles; Correia, 2006; Batista *et al.*, 2014).

Como já observado no início deste capítulo, a aquisição da ortografia é um processo evolutivo, pois o escolar elabora hipóteses acerca da sua escrita, na tentativa de acertar a notação ortográfica correta da palavra. Desta forma, a ocorrência de erros durante este processo é comum (Capellini; Butarelli; Germano, 2010; Fernández *et al.*, 2010) contudo é esperado que, conforme ocorra o avanço nos anos escolares, as notações ortográficas sejam compreendidas e os erros diminuam e, quando isso não ocorre, é necessário que haja o ensino formal para com o escolar (Morais, 1999; Oliveira; Germano; Capellini, 2016).

Alguns princípios citados na literatura (Morais, 1995, 1999) como procedimentos de aprendizagem da ortografia, seja em contexto escolar ou familiar, são:

- Reflexão sobre a ortografia sem exercer controle rígido sobre a escrita espontânea do escolar;
- Dispensar a nomenclatura gramatical como requisito para a aprendizagem das regras em séries iniciais;
- Estabelecimento de metas para o rendimento ortográfico respeitando a heterogeneidade de rendimento escolar.

Estas medidas podem facilitar o processo de ensino em contexto escolar e a reduzir a ansiedade e a angústia dos escolares.

Assim sendo, a aprendizagem da ortografia deve ser pensada como um processo que se desenvolve por meio de atividades que ajudam o escolar a formular e explicitar suas hipóteses de construção do conhecimento da notação ortográfica (Leal; Roazzi, 2005; Matteoda, 1999; Melo; Rego, 1998; Morais, 1995, 1999, 2003, 2005; Sampaio, 2012).

INDICAÇÃO DE LEITURA COMPLEMENTAR

Compreendendo os Transtornos Específicos de Aprendizagem Vol. 2: Compreendendo a Disortografia (Batista; Chiaramonte; Capellini, 2019).

Manual de Estratégias para Dificuldades e Transtornos de Atenção, Leitura, Escrita Ortográfica e Caligráfica (Chiaramonte; Liporaci; Capellini, 2019).

Pró-Ortografia Protocolo de Avaliação da Ortografia Para Escolares do 2.° ao 5.° Anos do Ensino Fundamental. (Batista; Cervera-Mérida; Fernández; Capellini, 2014).

Programa de Intervenção com as Dificuldades Ortográficas Proposta de um Modelo Clínico e Educacional (Sampaio *et al.*, 2013).

REFERÊNCIAS

APA. AMERICAN PSYCHIATRIC ASSOCIATION. **DSM-5 – Manual Diagnóstico e Estatístico de Transtornos Mentais**. Porto Alegre: Artmed, 2014.

BATISTA, A. O.; CERVERA-MÉRIDA, J. F.; FERNÁNDEZ, A. Y.; CAPELLINI, S. A. **Pró-Ortografia**: protocolo de avaliação da ortografia para escolares do segundo ao quinto ano do Ensino Fundamental. Barueri: Pró-Fono, 2014.

BATISTA, A. O. **Desempenho ortográfico de escolares do 2.° ao 5.° ano**: proposta de elaboração de um protocolo de avaliação da ortografia. Orientador: Simone Aparecida Capellini. 2011. 233 f. Dissertação (Mestrado em Educação) – Faculdade de Filosofia e Ciências, Universidade Estadual Paulista, Marília, 2011.

BATISTA, A. O.; CAPELLINI, S. A. Estratégias para a Avaliação das Dificuldades Ortográficas. *In:* CHIARAMONTE, T. C.; LIPORACI, G. F. dos S.; CAPELLINI, S. A. (org.). **Manual de Estratégias para Dificuldades e Transtornos de Atenção, Leitura, Escrita Ortográfica e Caligráfica**. Ribeirão Preto: Book Toy, 2019. cap. 10.

BATISTA, A. O.; CHIARAMONTE, T. C.; CAPELLINI, S. A. **Compreendendo os Transtornos Específicos de Aprendizagem – Disortografia**. Ribeirão Preto: Book Toy, 2019. v. 2.

BERNINGER, V. W.; HART, T. M. A developmental neuropsychological perspective for reading and writing acquisition. **Educational Psychologist**, v. 27, n. 4, p. 415-434, 1992.

CAPELLINI, S. A.; BATISTA, A. O. Subsídios da fonologia e ortografia para a compreensão da disortografia. *In:* FERREIRA-GONÇALVES, G. F.; KESKE-SOARES, M.; BRUM-DE-PAULA, M. R. (org.). **Estudos em aquisição fonológica**. Pelotas: Editora da UFPel, 2011. p. 267-295.

CAPELLINI, S. A.; BUTARELLI, A. P. K. J.; GERMANO, G. D. Dificuldades de aprendizagem da escrita em escolares de 1.ª a 4.ª séries do ensino público. **Revista Educação em Questão**, v. 37, n. 23, 2010.

CAPELLINI, S. A.; CUNHA, V. L. O.; BATISTA, A. O. Disortografia: avaliação e intervenção baseada na semiologia do erro. *In:* MONTIEL, J. M.; CAPOVILLA, F. C. (org).

Atualização em transtornos de aprendizagem. São Paulo: Artes Médicas, 2009. p. 567-84.

CAPELLINI, S. A.; GERMANO, G. D.; CUNHA, V. L. O. Aprendizagem e Habilidades acadêmicas. **Neurociência aplicada à aprendizagem.** São José dos Campos: Pulso, 2009.

CÁRNIO, M. S.; STIVANIN, L.; VIEIRA, M. P.; AMARO, L.; MARTINS, V. O.; CARVALHO, É.; ELIAS, J. C. Habilidades de consciência fonológica e letramento em crianças de Ensino Fundamental. **Revista da Sociedade Brasileira de Fonoaudiologia**, v. 11, n. 4, p. 231-242, 2006.

CERVÉRA-MÉRIDA, J. F.; FERNÁNDEZ, A. Y. Uma propuesta de intervención em trastornos disortográficos atendiendo a la semiologia de los errores. **Revista de Neurologia**, v. 42, n. 2, p. 117-26, 2006.

CHIARAMONTE, T. C.; CAPELLINI, S. A. Relação do perfil de erros de leitura e escrita na dislexia e dificuldades de aprendizagem. **Revista Teias**, v. 20, n. 58, p. 319-329, 2019.

DIAS, R. S.; ÁVILA, C. R. B. de. Uso e conhecimento ortográfico no transtorno específico da leitura. **Revista da Sociedade Brasileira de Fonoaudiologia**, v. 13, n. 4, p. 381-390, 2008.

FERNÁNDEZ, A. Y.; MÉRIDA, J. F. C.; CUNHA, V. L. O.; BATISTA, A. O.; CAPELLINI, S. A. Avaliação e intervenção da disortografia baseada na semiologia dos erros: revisão da literatura. **Revista Cefac**, v. 12, n. 3, p. 499-504, 2010.

FLETCHER, J. M.; LYONS, G. R.; FUCHS, L. S.; BARNES, M. A. **Transtornos de aprendizagem: da identificação à intervenção**. Artmed Editora, 2009.

GERMANO, G. D.; CAPELLINI, S. A. Avaliação das habilidades metafonológicas (PROHFON): caracterização e comparação do desempenho em escolares. **Psicologia: Reflexão e Crítica**, v. 28, n. 2, p. 378-387, 2015.

GINDRI, G.; KESKE-SOARES, M.; MOTA, H. B. Memória de trabalho, consciência fonológica e hipótese de escrita. **Pró-Fono Revista de Atualização Científica**, v. 19, n. 3, p. 313-322, 2007.

LEAL, T. F.; ROAZZI, A. A criança pensa... e aprende ortografia. **O aprendizado da ortografia**, v. 3, p. 99-120, 2005.

MANZANO, J. L. G.; SANZ, M. T.; CHOCANO, A. J. D. **Fundamentos Para la Intervención en El Aprendizaje de la Ortografía:** ORTOleco: Programa de Desarrollo de la Ortografía. Ciencias de la Educación Preescolar y Especial, 2008.

MATTEODA, M. C. Concepciones pedagógicas y investigaciones ortográficas. **Revista de Educação**, v. 1, n. 2, p. 74-82, 1999.

MEIRELES, E.; CORREA, J. A relação da tarefa de erro intencional com o desempenho ortográfico da criança considerados os aspectos morfossintáticos e contextuais da língua portuguesa. **Estudos de Psicologia (Natal)**, v. 11, n. 1, p. 35-43, 2006.

MELO, K. L. R. de; REGO, L. L. B. Inovando o ensino da ortografia na sala de aula. **Cadernos de pesquisa**, n. 105, p. 110-134, 2013.

MORAIS, A. G. de. **Representaciones infantiles sobre la ortografía del portugués.** Orientador: Ana Teberosky. 1995. 319 f. Tese (Doutorado em Psicologia) – Faculdade de Psicologia, Universidad de Barcelona, Barcelona, 1995.

MORAIS, A. G. Ensino de ortografia: como vem sendo feito? Como transformá-lo. **Revista de Educação**, v. 1, n. 2, p. 04-09, 1999.

MORAIS, A. G. **Ortografia**: ensinar e aprender. São Paulo: Ática, 2003.

MORAIS, A. G. **O aprendizado da ortografia**. Belo Horizonte: Autêntica, 2005.

MUÑOZ, J.; FRESNEDA, M. D.; MENDONZA, E.; CARBALLO, G.; PESTUN, M. S. V. Descrição, avaliação e tratamento dos transtornos de aprendizagem. *In:* CABALLO, V. E.; SIMON, M. A. (org.). **Manual de Psicologia Clínica e do Adolescente**: Transtornos Específicos. 1. ed. São Paulo: Livraria Santos Editora, 2005. p.159-175.

OLIVEIRA, A. M. de; GERMANO, G. D.; CAPELLINI, S. A. Desempenho de escolares em provas de processo de identificação de letras e do processo léxico. **Revista CEFAC**, v. 18, n. 5, p. 1121-1132, 2016.

PATTAMADILOK, C.; PERRE, L.; DUFAU, S.; ZIEGLER, J. On-line orthographic influences on spoken language in a semantic task. **Journal of Cognitive Neuroscience**, v. 21, n. 1, p. 169-179, 2009.

SAMPAIO, M. N. **Desempenho ortográfico de escolares do ensino fundamental**: Elaboração e aplicação de um instrumento de intervenção. 2012. 201 f. Dissertação (Mestrado em Educação) - Faculdade de Filosofia e Ciências de Marília, Universidade Estadual Paulista Júlio de Mesquita Filho, Marília, 2012.

SAMPAIO, M. N.; YGUAL-FERNÁNDEZ, A.; CERVERA-MÉRIDA, J.F.; CAPELLINI, S.A. **Programa de intervenção com as dificuldades ortográficas**: proposta de um modelo clínico e educacional. 1. ed. São José dos Campos - SP: Pulso Editorial, 2013. v. 1. 160p.

ZORZI, J. L. **Aprender a escrever**: a apropriação do sistema ortográfico. 1. ed. Artmed, 1998.

ZORZI, J. L. As inversões de letras na escrita o "fantasma" do espelhamento. **Soletras**, n. 15, 2008.

ZORZI, J. L.; CIASCA, S. M. Caracterização dos erros ortográficos em crianças com transtornos de aprendizagem. **Revista CEFAC**, v. 10, n. 3, p. 321-331, 2008.

O OLHAR PSICOPEDAGÓGICO PARA A DISORTOGRAFIA

Raquel Maria Biral Faconti

Neste capítulo, vamos contribuir com algumas sugestões que chegam até nosso serviço de Psicopedagogia e estão entre as mais comuns em um ambiente escolar. São orientações acerca das medidas educacionais diferenciadas e de estratégias que possam ser adotadas com o escolar com Disortografia.

INTRODUÇÃO

Antes de considerarmos apenas o diagnóstico da Disortografia, devemos, primeiro, pensarmos sobre quem é esse sujeito com a Disortografia. Dessa forma, não corremos o risco de cometer vários equívocos em lidar com esse educando, como: evitar o emprego indiscriminado do termo e o transformar em um rótulo; e passar a olhar apenas para os sinais disortográficos apresentados por ele. Ao transpormos o diagnóstico e ao olharmos para quem é esse sujeito, podemos compreender o seu modelo de aprendizagem (Visca, 1987), como ele lida com suas dificuldades e, até mesmo, o grau de percepção que ele tem sobre elas; quais são as estratégias compensatórias que ele utiliza como recurso para atenuar suas dificuldades com a ortografia, ou, até mesmo, se ele não faz uso das mesmas para apresentar respostas mais adequadas ou assertivas ao escrever dentro da norma ortográfica da língua portuguesa. Ao entender o funcionamento do educando, suas angústias, anseios, sentimentos e comportamentos, podemos nos vincular positivamente com ele e auxiliá-lo a se vincular de forma mais positiva com o conhecimento da ortografia, ensinando a superar as adversidades frente ao domínio ortográfico, bem como, a lidar de forma mais positiva com os fracassos, sem que esses gerem sentimentos de fracasso e o façam se afastar de novas tentativas de escrita, o que ocasionaria novos fracassos e perdas de oportunidades em se criar novas rotas, estratégias e repertórios ortográficos. Neste capítulo, iremos sugerir estratégias pautadas em nossa experiência clínica e escolar que poderão contribuir com sua prática pedagógica no que tange pontos concernentes à Disortografia. Para o presente capítulo, buscamos em autores clássicos, assim como, em contribuições atuais uma série de sugestões que poderão lhe auxiliar a adequar estratégias e atingir objetivos educacionais em relação ao ensino da ortografia de forma mais assertiva, lembrando que alguns princípios precisam ser mantidos em mente como a análise da linha de base; as habilidades, repertórios e dificuldades e defasagens apresentadas pelo educando; o currículo ano/série e o próprio PEI (Plano de Ensino Individualizado); bem como todo o contexto que está envolvido nos campos sócio afetivo e cultural do educando.

SUGESTÕES DE ESTRATÉGIAS A SEREM UTILIZADAS PARA MELHORAR A AÇÃO DIDÁTICA E A APRENDIZAGEM COM O ALUNO DISORTOGRÁFICO

ADEQUAÇÃO DO APOIO OU REFORÇO ESCOLAR

O apoio escolar ou reforço escolar que, em geral, ocorre no contraturno do período regular de aulas, pode ser um excelente aliado para trabalhar com educandos que possuem quadro disortográfico, pois, ao contrário de se trabalhar com os conteúdos dados em sala ou se ter a ênfase sobre os erros apresentados pelo aluno, o professor pode ter um foco mais direcionado e individualizado para trabalhar com estratégias que auxiliem o educando a melhorar a sua compreensão sobre o sistema ortográfico proporcionar uma reflexão (que deve ser realizado em situações de ensino aprendizagem na qual ocorrem debates sobre os conhecimentos ortográficos e discussão das regras da língua portuguesa) (Batista; Chiaramonte; Capellini, 2019) sobre a escrita na perspectiva da convenção_ conhecimento social arbitrário; com a exercitação de habilidades metafonológicas; exercícios de leitura e, a intervenção em linguagem interna (principalmente: vocabulário e conceitos) como indicam Piaget (1975 *apud* Wadswordth, 1984), Zorzi (2003), Chiaramonte, Liporaci e Capellini (2019).

CRIAR UMA ESTRATÉGIA DE PONTUAÇÃO E DESCONTO DE NOTAS

Um dos pontos mais críticos em relação à questão disortográfica como será feita a pontuação das dificuldades do escolar, uma vez que, a escola trabalha com sistema de notas em suas avaliações bimestrais ou trimestrais. Sugerimos bom senso, principalmente, ao lembramos que o educando com Disortografia apresenta dificuldade em fixar as formas ortográficas das palavras o que reflete em substituições, omissões e inversões de grafemas, alteração na segmentação da palavra, apoio na oralidade e dificuldade na produção textual (Galamburda; Cestnick, 2003; Zorzi; Capellini, 2008 *apud* Batista *et al.*, 2014, p. 1). Em nossa prática, adotamos consenso com as escolas, ou seja, as mesmas devem estabelecer critérios bem definidos nos descontos de pontos no que tange as principais dificuldades compostas no quadro disortográfico supra descrito. Como sugestão, indicamos que ao contrário de se atribuir a cada erro 0.1 até 0.3 décimos de desconto, o professor pode estabelecer o desconto para um conjunto de erros, por exemplo: a cada 5 (cinco) erros apresentados pelo escolar, atribui-se 0.1 décimos de desconto. Dessa maneira, o desconto não atua como agente predatório, derrubando muito a nota do aluno no valor total da avaliação da Língua Portuguesa. Também, é importante lembrar que as trocas f - v, d - t, entre outras, não são trocas ortográficas, então, não devem ser descontadas como tal, assim, como, as trocas viso espaciais como d - b, e às que ocorrem por grafias semelhantes como a – e, o – a, t – f, etc... Contudo, cabe lembrar que os erros devem ser assinalados e trabalhados com o educando, pois é dessa maneira que as regras ortográficas irão se organizando.

ENSINO DE HABILIDADES METAFONOLÓGICAS

Ensinar o educando com Disortografia a refletir sobre os sons da fala, ou seja, levá-lo a vivenciar, experienciar e exercitar as habilidades metafonológicas é de fundamental importância para a leitura e escrita e trará grande contribuição para o ensino ortográfico (Gombert, 2003 *apud* Buzetti, 2020, p. 27) indica que as habilidades de segmentação e manipulação da fala em unidades menores; o estabelecimento de diferenças entre o significado e o significante; a percepção de semelhanças sonoras entre as palavras está envolvida com a capacidade metalinguística e estão implicadas, diretamente, com as habilidades de consciência fonológica, sintática, ortográfica, semântica e pragmática.

Segundo a mesma autora supra citada, a atenção do educando estará voltada entre outros aspectos de consciência da língua, para a consciência lexical (atenção à ortografia e ao significado). Para Adams (2006) e Zorzi (2006 *apud* Buzetti, 2003, p. 29) há várias atividades que podem estimular o educando (tanto na Educação Infantil, quanto no processo de intervenção ortográfico, que irão contribuir e incentivar o escolar a pensar e falar sobre a língua:

- Identificação sons diferentes;
- Comparação de um som ao outro;
- Exercícios e vivências com cantigas e parlenda;
- Atividades de identificação de rimas;
- Imitação de sons (animais, objetos, etc.);
- Trocar uma parte da palavra;
- Encontrar palavras escondidas;
- Identificação de figuras que começam com o mesmo som;
- Bater palmas para a quantidade de sílabas em uma palavra analisada.

REVISUALIZAÇÃO

A revisualização é um conceito bastante antigo, trazido por Johnson e Myklebust, 1987 que envolve, atualmente, o conceito de memória visual. Segundo as autoras, as dificuldades de revisualização na escrita são bastante impactantes, dada a complexidade da ortografia das palavras, a sequência das letras a serem evocadas e à opacidade da ortografia da língua portuguesa. Uma das sugestões que temos a oferecer é o uso de cartões ou *flash cards* (como um chaveirinho) com palavras mais usadas em uma determinada lição e outras, mais frequentemente, alvo de erros mais apresentados pelo sujeito, para que o educando possa buscar esse recurso quando estiver escrevendo, isso, facilitará não só a evocação-recuperação da forma gráfica da palavra, como, também, facilitará o contato visual, por várias vezes, da forma escrita da palavra. Outra sugestão, semelhante ao do chaveirinho com *flash cards* ou cartões, é oferecer um banco de palavras mais utilizadas durante a lição, relacionadas no quadro e, se caso o professor estiver trabalhando com folhas impressas, fazer o destaque em um quadro de texto destacado para que o aluno possa localizar a palavra toda vez que tiver dúvidas de como deverá escrevê-la.

ESPAÇAMENTO

Uma das características da Disortografia é junção e separação indevidas das palavras. Muitas vezes, por não recordar (revisualizar) da configuração ou *template* da palavra, o educando pode ter dificuldades com a identificação da fronteira vocabular. Além de vários exercícios conhecidos, como oferecer ao educando frases com palavras sem separação para que o mesmo as separe em palavras, ou, ainda, reconhecer as palavras de frases segmentadas para a junção adequada das mesmas, observamos que há um recurso que utilizamos tanto na clínica quanto no meio educacional que tem se mostrado bastante aderente à percepção de fronteira vocabular: o uso de marcadores de livros como, por exemplo, o *post it*. Há *post it* tradicionais e outros marcadores divertidos e temáticos disponíveis no mercado. A estratégia consiste em colocar um *post it* de espaçamento entre cada palavra. Ao terminar de escrever a linha, os marcadores são retirados e continua-se a atividade na linha subsequente. Segundo Zorzi (2003), é necessário que seja trabalhando, como pré-requisito, a noção de frases e palavras e que existe diferença ou variação entre o modo que falamos e o modo que escrevemos.

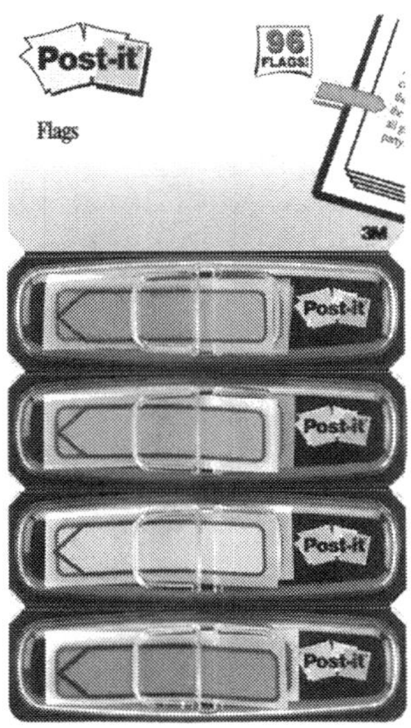

Figura 1 – Post-it

Fonte: Retirado de: https://www.post-it.com.br/.

LEITURA

A leitura é uma das estratégias para a Ortografia Natural e é recurso muito importante a ser utilizado pelo professor, pois auxilia ao educando com Disortografia a aumentar o léxico visual ortográfico. Sugerimos que o educando possa fazer a leitura compartilhada ou individual, primeiramente, de forma silenciosa e, posteriormente em voz alta. Após a leitura, o escolar deve pintar de vermelho um dos grafemas que estará sendo trabalhado (escolhido previamente pelo professor) de uma cor, e um segundo grafema, pintado de outra cor; a partir dessa etapa, solicita-se ao aluno para ele fazer duas listas separando as palavras pelos grafemas estudados (Chiaramonte, 2019). Outra estratégia é formar uma lista ou *flash cards* com palavras de acordo com suas características ortográficas, organizando assim, um banco de palavras. O educando pode usar cores diferentes para indicar regras ortográficas diferentes e classificar os *flashs cards* por cores e respectivas normatizações ortográficas.

USO DE RECURSOS MULTISSENSORIAIS

O uso de recursos multissensoriais é bastante significativo para todo o processo de aprendizagem. Consideramos seu uso com escolares com Disortografia, de fundamental importância, pois o contato com várias possibilidades de estimulação (principalmente auditiva, visual, e tátil cinestésica) podem auxiliar o educando a compreender e fixar melhor a estrutura da palavra bem como as regras ortográficas. Junto às atividades visuais é sempre importante o professor oferecer o apoio auditivo para o educando, falando as palavras e chamando atenção à pronúncia dos fonemas estudados. Seguiremos com sugestões de alguns recursos sensoriais que podem ser utilizados para o trabalho com a identificação, reconhecimento, fixação da ortografia.

Atividades com ortografia utilizando *templates* com direção da letra: ajuda a fixar o direcionamento do traçado da letra; associa-se o som a letra correspondente, estimula-se a percepção tátil cinestésica ao passar o dedo sobre o movimento do traçado da letra e correlaciona-se o estímulo com a dificuldade ortográfica estudada.

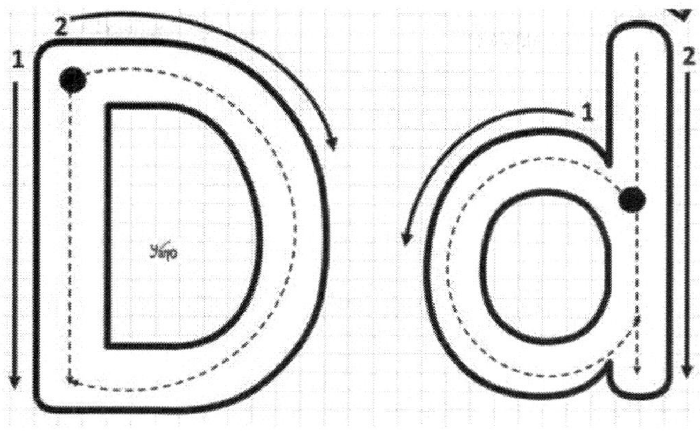

Figura 2 – *Template* direção da letra

Fonte: Retirado de: http://www.criandocomapego.com.

Sugerimos que o professor busque sempre partir de movimentos amplos para movimentos mais refinados e, por fim, reproduzi-los em nível gráfico. O professor pode solicitar ao educando, primeiro, passar pela letra desenhada no chão, percebendo com seu corpo, o encadeamento e o direcionamento dos movimentos necessários para percorrera a letra ou o dígrafo estudado, não esquecendo de emitir o som simultaneamente ao exercício.

Figura 3 – Atividade que une o movimento do corpo e o traçado da letra

Fonte: Retirado de: www.colegiologosofico.com.br

O uso de alfabeto lixado é bastante interessante pois fornece, também, uma pista tátil cinestésica bastante importante para o educando perceber o movimento da letra. Utilizar o alfabeto lixado para o ensino ortográfico, junto com o estímulo auditivo do som da letra, auxilia o educando a fixar melhor a informação para depois recuperá-la.

Figura 4 – Pranchas manuscritas com letras lixadas

Fonte: Retirado de: www.montessorimaterial.com.br.

A utilização de outros materiais diferentes de folhas de papel como o quadro azul com linhas e quadro com linha dupla que podem ser utilizados com giz branco ou colorido, também, proporcionam ao escolar experiências tátil cinestésicas bastante ricas que, junto ao estímulo auditivo do som da letra a ser estudada, oportunizará, do ponto de vista ortográfico, maiores informações sensoriais para o registro eficaz da informação a ser aprendida.

Figura 5 – Quadro azul com linhas

Fonte: Retirado de: www.montessorimaterial.com.br.

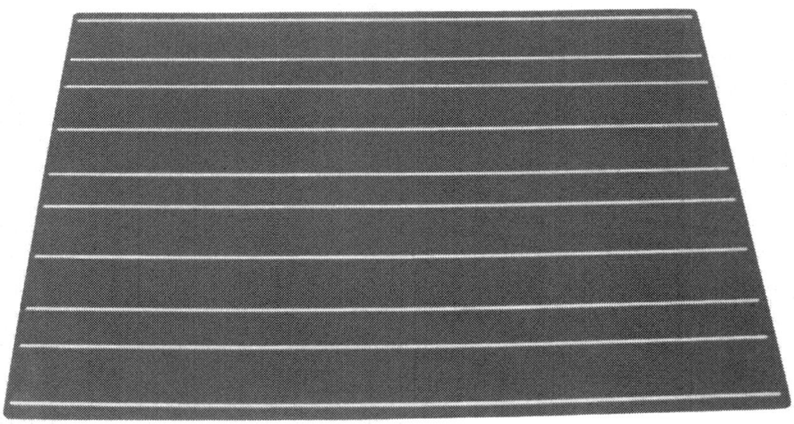

Figura 6 – Quadro com linha dupla

Fonte: Retirado de: www.montessorimaterial.com.br.

Indicamos o uso da caixa de areia, porque ela permitirá que o educando trace os movimentos das letras ou grafemas alvos do estudo ortográfico, junto ao estimulo sonoro do som correspondente o que, como já supra mencionamos, também será reforçado pelos aspectos tátil-cinestésicos.

Figura 7 – Caixa ou bandeja para areia

Fonte: Retirado de: www.montessorimaterial.com.br.

2.7.6: O uso dos dígrafos em lixa segue o mesmo princípio do alfabeto lixado. Irá fornecer pista tátil cinestésica bastante importante para o educando perceber o movimento da letra. Utilizar os dígrafos em lixa para o ensino ortográfico, junto com o estímulo auditivo do som dos grafemas, auxilia o educando a fixar melhor a informação para depois evoca-la de forma mais eficiente.

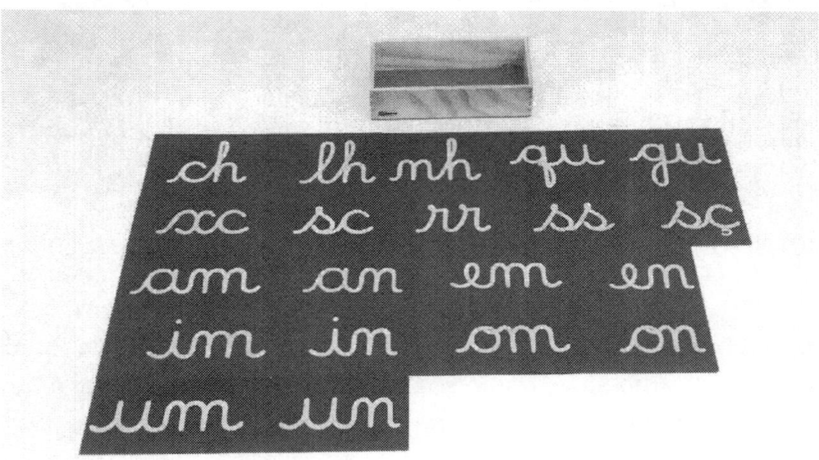

Figura 8 – Pranchas com sílabas e dígrafos em letras manuscritas lixadas

Fonte: Retirado de: www.montessorimaterial.com.br.

O alfabetário em madeira é outro recurso que pode ser utilizado no processo de estudo ortográfico e fornece pistas visuais de contornos e estrutura da letra. Por ter uma densidade bastante robusta permite ampla manipulação. O educando pode manipular a letra, fazer seu respectivo som, ou ouvir o som da letra emitido pelo professor. Outra possibilidade é escrever a palavra, fazer o estudo ortográfico da mesma e, posteriormente, registrar a palavra no caderno ou no quadro de giz.

Figura 9 – Alfabetário de madeira

Fonte: Retirado de: www.montessorimaterial.com.br.

VARIAR RECURSOS PARA TRAÇAR AS LETRAS E REFORÇAR O LÉXICO ORTOGRÁFICO

Frente à nossa experiência, sugerimos (além dos quadros azuis) o uso diversificado de cadernos que contemplem diferentes recursos de pautas, objetivando a caligrafia como fonte motora e sensorial para auxiliar no armazenamento e acesso ao léxico ortográfico. O escolar pode se beneficiar em escrever as palavras e exercitar as dificuldades ortográficas (não só do ponto de vista motor com atenção à direcionalidade e encadeamento dos movimentos, como já indicamos anteriormente) ao utilizar recursos espaciais e visuais como os efeitos proporcionados pelos cadernos pautas verdes ou azuis, alibombom, meia pauta, quadriculado, entre outros.

Os diferentes espaçamentos de linhas, também, podem auxiliar, como um objetivo subjacente, a caligrafia e a adequação do tamanho da letra, noção e organização espacial da escrita no caderno (noção de paginação, escrita de cima para baixo, da esquerda para a direita, percepção da quantidade de palavras a serem distribuídas em uma linha, separação silábica, frente e verso da folha, sequência de páginas, entre outras habilidades). Além do lápis preto, preferencialmente, triangular para adequar e facilitar a pega trípode, pode-se usar recursos como escrever as palavras com giz de cera e depois passar os dedos por cima da palavra refazendo os movimentos de rescrita, em alguns casos pode se utilizar caneta esferográfica, pena – nanquim, hidrográficas, etc.

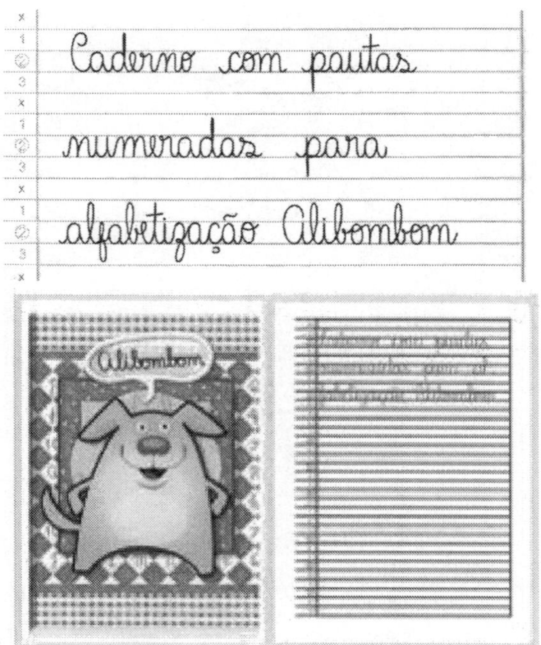

Figura 10 – Caderno Alibombom

Fonte: Retirado de: www.cadernoalibombom.com.br.

Figura 11 – Caderno de meia pautas

Fonte: Retirado de: www.tamoyo.com.br.

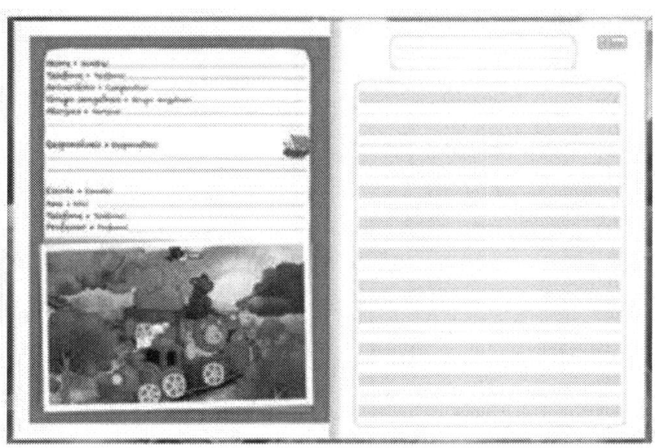

Figura 12 – Caderno pautas verdes/azuis

Fonte: Retirado de: www.tilibra.com.br

ENSINO DO PRINCÍPIO ORTOGRÁFICO

A língua portuguesa é composta pelo princípio alfabético e ortográfico, como já foi abordado em outros capítulos desse livro, é importante ressaltar que no ensino ortográfico as opacidades da língua devem ser estudadas de forma reflexiva (Batista; Chiaramonte; Capellini, 2019) e, de tal modo, que possa ser compreendido pelo escolar com Disortografia, uma vez que é uma das suas principais dificuldades. Sugerimos como, uma das possibilidades dos recursos a serem utilizados como estratégias de intervenção, principalmente, direcionado às representações múltiplas (s – ss – c – sc - sç – x - z; x - ch; j - g; r - rr; etc.), alguns dos passos orientados por Zorzi, 2003:

- Segmentação em diversos níveis como frases em palavras, palavras em sílabas, sílabas em fonemas;
- Pronunciar fonemas de palavras cujas as dificuldades ortográficas estão sendo trabalhadas;
- Contar e comparar os fonemas e as letras da palavra estudada (exemplo: palavra CACHORRO - /k/ /a/ /ʃ / /o/ /r/ /o/ - 6 fonemas; c a c h o r r o – 8 letras)
- Substituição de um fonema por outro e questionar a respeito de possíveis formas de escrita.

Acrescentamos às sugestões acima, a utilização da estratégia da soletração e a introdução, a partir da reflexão, das normas ortográficas da língua portuguesa. Outra possibilidade é o uso de jogos com ênfase na ortografia das palavras que podem ser tanto tradicionais como o jogo da forca e estruturados e comercializados.

USO DO LÁPIS BORRACHA E JANELA

Os alunos com Disortografia possuem dificuldade de perceber por meio da leitura da configuração geral da palavra (Myklebust; Johnson, 1987) os erros e, por esse motivo, tendem a ter dificuldades em identificar o ponto a ser corrigido. Indicamos, isolar a palavra com uma janela de papel, assinalar o erro cometido e, após os processos reflexivos sobre a norma ortográfica, apagar apenas o erro cometido (para isso o uso do lápis borracha) e solicitar ao educando que realize a substituição pela opção ortográfica correta.

USO DE MATERIAIS ESTRUTURADOS

Há uma vasta possibilidade de materiais estruturados com muitas estratégias a serem utilizadas para o trabalho com a Disortografia e que podem nortear a prática do professor de sala de aula, do professor do apoio, ou do reforço escolar. Fizemos a coletânea de alguns instrumentos que utilizamos em nossa prática psicopedagógica e educacional e que possuem bastante responsividade dos educandos em relação às tarefas por eles apresentadas. Além dos materiais, os professores podem contar com diversos programas que atuam direta e indiretamente em relação à Disortografia.

Figura 13 – Manuais, programas e sugestões de atividades

Fonte: Retirado de: www.booktoy.com.br.

Figura 14 – Manuais, programas, sugestões de atividades e cadernos com atividades

Fonte: Retirado de: www.booktoy.com.br.

AVALIAÇÃO DA ORTOGRAFIA

Uma das sugestões mais importantes que podemos contribuir com a atuação do professor em relação aos educandos com Disortografia, é oferecer a indicação de um instrumento que possa avaliar os aspectos da ortografia da língua portuguesa, dessa forma, por meio da aplicação dele, em sala de aula, o professor terá informações controladas sobre o desempenho ortográfico de seu grupo – classe; pode auxiliá-lo a priorizar o ensino das maiores dificuldades observadas; a ter uma análise individualizada sobre o desempenho ortográfico, auxiliar como um identificador de possíveis desvios na aquisição ortográfica e realizar encaminhamentos mais assertivos e seguros à especialistas quando percebe alunos que não alcançam os objetivos educacionais dentro da ortografia esperados para seu grupo-classe (Batista *et al.*, 2014).

Figura 15 – Pró-Ortografia

Fonte: Retirado de: www.booktoy.com.br.

CONSIDERAÇÕES FINAIS

Esperamos que as sugestões e as reflexões proporcionadas neste capítulo possam contribuir para a atuação mais assertiva com educandos com

Disortografia. É importante ressaltar que o escolar com Disortografia precisa ser entendido como um sujeito único, com características singulares em sua constituição psíquica, social cognitiva e em sua própria dificuldade. Reforçamos a necessidade do estabelecimento do vínculo de confiança entre o professor e o aluno para que possam, juntos, transpor a barreira das dificuldades e possam refletir sobre o emprego ortográfico de forma assertiva e adaptada.

REFERÊNCIAS

BATISTA, A. O.; CHIARAMONTE, T. C.; CAPELLINI, S. A. **Compreendendo os transtornos específicos de aprendizagem**: compreendendo a Disortografia. 1. ed. Ribeirão Preto: Book Toy, 2019.

BATISTA, A. O.; CERVERA-MÉRIDA, J. F.; FERNÁNDEZ, A. Y.; CAPELLINI, S. A. **Pró – Ortografia**: Protocolo de Avaliação da Ortografia para escolares do 2.° ao 5.° ano do Ensino Fundamental. Barueri-SP: Pró-Fono, 2014.

BUZETTI, M. C.; CAPELLINI, S. A. Habilidades preditoras para a alfabetização: contribuições para a sala de aula. 1. ed. Ribeirão Preto, SP: Book Toy, 2020.

CHIARAMONTE, T. C.; LIPORACI, G. F. dos S.; CAPELLINI, S. A. **Manual de Estratégias para Dificuldades e Transtornos de Atenção, leitura, Escrita Ortográfica e Caligráfica**. 1. ed. Ribeirão Preto: Book Toy, 2019.

JOHNSON, D. J.; MYKLEBUST, H. **Distúrbios de Aprendizagem**. 3. ed. São Paulo: Pioneira, 1987.

WADSWORTH, B. J. **Piaget para o Professor de Pré-Escola e Primeiro Grau**. São Paulo: Pioneira, 1984.

VISCA, J. **Clínica Psicopedagógica Epistemologia Convergente**. Porto Alegre: Artes Médicas, 1987.

ZORZI, J. **Aprendizagem e distúrbios da linguagem escrita**: questões clínicas e educacionais. Porto Alegre: Art. Med., 2003.

O ENSINO DA ORTOGRAFIA NO SISTEMA SCLIAR DE ALFABETIZAÇÃO

Leonor Scliar-Cabral

Exponho os fundamentos para o ensino da Ortografia seguidos pelo Sistema Scliar de Alfabetização, ilustrados com práticas desenvolvidas em crianças de sete anos do 2.º ano do EF. Em primeiro lugar, é necessário compreender em qual etapa do processamento se situa a conversão da fala interior em escrita, quando se dá a conversão dos fonemas em grafemas, realizados no português brasileiro, por uma ou duas letras, manuscritas ou digitalizadas. Produzir um texto começa com o planejamento de sobre o que se vai escrever (a mensagem), com qual finalidade pragmática e para quem, o que definirá o tipo e o gênero textuais e culmina com a atividade motora de digitar ou manuscrever, seguida pela revisão. É antes dos comandos motores, quando se dá a conversão dos fonemas em grafemas que surge a que questão da ortografia. Portanto, o professor deverá conhecer os fonemas e os princípios que governam a conversão dos mesmos em grafemas, no sistema de escrita, princípios por mim descritos, de forma exaustiva, subdivididos em conversão independente do contexto fonológico, dependente só do contexto fonológico, alternativas competitivas, dependente da morfossintaxe e do contexto fonológico e derivação morfológica. Exemplifico alguns desses princípios, começando pelo mais simples, o primeiro a ser automatizado ao se ensinar a ortografar: trata-se da conversão do fonema ao grafema, independente do contexto fonológico, como é o caso de /p/ → <p> (pato) e de /b/ → <b> (bato), por exemplo. Demonstro quais as conversões são mais complexas e, em consequência, as que demandam maior dificuldade no ensino da ortografia, as dependentes da morfossintaxe e do contexto fonológico, mas cujo ensino pode beneficiar-se do conhecimento da derivação morfológica. Conclui-se, pois, que os profissionais que se ocupam do ensino da Ortografia devem dominar os conhecimentos de fonologia e de morfologia do PB oral, bem como dos princípios do sistema alfabético do PB escrito, os quais foram aplicados pelo Sistema Scliar de Alfabetização.

INTRODUÇÃO

Para que se acompanhe o ensino da Ortografia no Sistema Scliar de Alfabetização (Scliar-Cabral, 2013), doravante SSA, é necessário compreender em qual etapa do processamento se situa a conversão da fala interior em escrita (Luria, 1970, p. 323-324), ou, mais precisamente, a conversão dos fonemas em grafemas, realizados no português brasileiro, por uma ou duas letras, manuscritas ou digitalizadas.

A etapa inicial da escrita é o planejamento de sobre o que se vai escrever (a mensagem), com qual finalidade pragmática e para quem, o que definirá o tipo e o gênero textuais e culmina com a atividade motora de digitar ou manuscrever, seguida pela revisão. O processamento começa pelo módulo "Mensagem" que, *grosso modo*, contém a ideia essencial e generalizada do texto a ser produzido, emanada do conhecimento de mundo e da memória semântica. Segue-se o Planejamento, que se desdobra na definição das Intenções Pragmáticas, cujo objetivo é, através do texto escrito, persuadir o interlocutor, produzir uma emoção estética, alterar o seu comportamento, obter uma informação e assim por diante.

Tais Intenções são condicionadas pela situação de produção, como ocorre na comunicação escrita canônica, quando há uma ruptura espaço-temporal: as intenções do redator têm que se adequar ao que é passível de ser atingido em um ou mais leitores que não compartilham o mesmo espaço e tempo. As intenções também são condicionadas por várias dimensões do destinatário: se é público ou privado e pelos papéis desempenhados na relação (*status*).

Esses fatores determinarão a escolha do tipo e gênero e do registro, cujo repertório está arrolado na memória permanente. O registro ou estilo dependem da variedade sociolinguística, ou seja, para quem se escreve.

Embora Hayes (1996, p. 21) assevere que "Redatores, especialmente estudantes, seguidamente, são solicitados a executar tarefas de redação, para as quais não dispõem ainda de um esquema adequado da tarefa", eu recomendo que, depois de planejar, o redator escreva um esquema, ou sumário, com a progressão das ideias principais que constarão em cada parágrafo. Isso não significa que, no decorrer da escrita, não seja necessário fazer alterações no esquema inicial.

As relações semânticas, gramaticais e temáticas na oração são processadas em paralelo, ativando diferentes redes temporais-frontais no hemisfério esquerdo, integrando uma rede semântica cujos fascículos (Friederici, 2011) ligam os giros temporais superior e médio às áreas de Brodman 45 e 47 no córtex frontal inferior (Fascículo Ventral I, também denominado de córtex orbital-frontal), de onde resulta a lexicalização, ou seja, a transformação dos conceitos em itens lexicais, porém é necessário fazer uma importante distinção entre os itens puramente gramaticais (em número fechado e limitado) e os itens que se referem às referências externas à gramática, conforme Binder *et al.* (1999, p. 839) comprovaram. Tais processos são coordenados pelo Executivo Central, da Memória de Trabalho.

Até essa etapa, os processos são altamente criativos, pois dependem de escolhas nos repertórios armazenados na memória permanente. Os processos a seguir, são automatizados quando houver um ensino-aprendizagem adequados. Selecionados os itens lexicais e encadeados em frases (sintaxização), com as adaptações morfofonêmicas resultantes, segue-se o processo de conversão da fala interior em escrita.

As especificidades de processamento decorrem de o sistema escrito ter sido o resultado de descoberta e invenção (Liberman, 1992, p. 169-171), sendo ensinado e aprendido e não adquirido espontaneamente e de o texto escrito apresentar o caráter de permanência.

Esse referencial é tanto mais adequado quanto mais transparente for o sistema, como é o caso do PB escrito. No entanto, mesmo no PB escrito, a codificação fonema-grafema nem sempre é totalmente transparente, o que determina que o professor ou terapeuta conheça suas regras, ou princípios para que possa conduzir o aprendizado da ortografia com conhecimento de causa. A codificação fonema-grafema, de acordo com os princípios do sistema alfabético do PB foi exaustivamente realizada por Scliar-Cabral, (2003, p. 123-206). Ela subdivide-se em: Independente do contexto fonológico; Dependente só do contexto fonológico; Alternativas competitivas; Dependentes da morfossintaxe e do contexto fonológico e Derivação morfológica, cujos exemplos verificaremos a seguir.

CODIFICAÇÃO DOS FONEMAS INDEPENDENTES E DEPENDENTES DO CONTEXTO FONOLÓGICO

Exporei as noções metalinguísticas que considero indispensáveis ao professor/a que está ensinando a ortografar. Iniciarei com a codificação dos fonemas em grafemas, uma das últimas etapas, em termos de processamento da escrita, como já explicado.

Antes de acionar os movimentos para executar as letras, sejam elas manuscritas ou digitadas, quem escreve deve converter sua fala interior ao sistema de escrita que, no caso dos sistemas alfabéticos, implica traduzir os fonemas em grafemas, concretizados nas letras do alfabeto latino, adotado pelo PB escrito.

Primeiro, vamos recordar os fonemas do português brasileiro, pois é com eles que iremos trabalhar nesse momento:

		+ant -cor (labiais)	+ant +cor (anteriores)	-ant +cor	-ant -cor -post	-ant -cor +post (posteriores)
+obstruinte -cont (oclusivas)	-son (surdas) +son	p b	t d			k g (galo)
+cont (fricativas)	-son +son	f v	s z	ʃ (chá) ʒ (já)		R (rosa)
-Obstruinte +nasal		m	n		ɲ (vinho)	
(+vocálico) +lateral -lateral -cons (semivogais)			l r (caro)		ʎ (velha) j (pai)	w (teu)

Quadro 1 – Quadro fonêmico das consoantes do PB

Fonte: Quadro fonêmico das consoantes do PB, conforme Lopez (1979), mais as semivogais, exemplos e termos comparativos, seguindo Camara Jr. (1975).

No Quadro 1, substituí o símbolo x, referente à variedade carioca descrita por Lopez, pelo símbolo R, mais genérico, adotado por Mattoso Camara Jr., por cobrir todas as realizações nas variedades sociolinguísticas do PB. Desdobramento das abreviaturas: co = coronais; cont = contínuas; son = sonoras; cons = consoantes.

+Orais	-posterior -arredondado (anteriores)	+posterior -arredondado	+posterior +arredondado
+alta	i		u
-alta -baixa	e		o
+baixa	ɛ (pé)	a	ɔ (pó)
-Orais (nasais)			
+alta	ĩ		ũ
-alta	ẽ		õ
+baixa		ã	

Quadro 2 – Quadro fonêmico das vogais do PB

Fonte: Sistema vocálico do português brasileiro, conforme o modelo de Quicoli (1990), com acréscimo das vogais nasalizadas.

A tradução dos fonemas em grafemas é um processo automático e não consciente: a conversão pode ser independente de tal contexto, o que significa que o fonema sempre será convertido a um só grafema, seja qual for a posição que ocupar no vocábulo fonológico e a distribuição do acento de intensidade.

As conversões dos fonemas aos grafemas, independentes do contexto fonológico, no PB escrito são: **/p/**, **/b/**, **/t/**, **/d/**, **/f/**, **/v/**, **/m/**, **/n/**, **/ɲ/**, **/l/**, **/ʎ/**, **/r/** nos grafemas: <**p**> (pato), <**b**> (bato), <**t**> (tato), <**d**> (dato), <**f**> (fato), <**v**> (voto), <**m**> (moto), <**n**> (noto), <**nh**> (venha), <**l**> (vela), <**lh**> (velha), <**r**> (Vera).

Portanto, essas são as primeiras conversões que devem ser ensinadas, dada sua complexidade menor.

CODIFICAÇÃO DOS FONEMAS DEPENDENTES DO CONTEXTO FONOLÓGICO

O que determina a natureza da conversão fonema → grafema é o contexto fonológico que o cerca. A codificação do fonema dependente do contexto fonológico pode ocorrer em virtude:

1) do fonema que o suceder, como, por exemplo, o fonema /ʒ/ sempre se codifica no grafema <j>, **antes de vogais posteriores**, ou

da semivogal /w/, como nos exemplos **<jura>**, **<jogo>**, **<joia>**, **<loja>**, **<junto>**, **<rojões>**, **<janta>**, **<ajuizar>**;

2) do fonema que o suceder e/ou da posição que ocupa no vocábulo, ou sílaba, como, por exemplo, o fonema /s/ sempre se codifica no grafema **<s>**, **em início de vocábulo** e **antes de vogais posteriores**, ou da semivogal /w/, como nos exemplos **<subo>**, **<soma>**, **<sola>**, **<sala>**, **<sunga>**, **<sonda>**, **<santa>**, **<suave>**;

3) no caso das vogais átonas /i/, /e/; /u/, /o/; /a/, da posição em relação à sílaba mais intensa. **Conforme a variedade sociolinguística mais frequente no** PB, /e/, /o/ **não ocorrerão nesse contexto fonológico**, postulando-se, então, o arquifonema |**I**|, |U|, respectivamente.

4) É necessário, portanto, explicar o que é o **arquifonema.** Temos que partir da noção de fonema: feixe de traços distintivos com a função de distinguir significados. Assim, nos dois vocábulos /ˈbala/ vs. /ˈmala/, o traço [-nasal] vs. [+nasal] é que distingue a diferença de significado entre os dois vocábulos. Acontece que, algumas vezes, essa função é suspensa. Isso ocorre quando, por exemplo, por condicionamento do contexto fonológico e/ou por causa da variedade sociolinguística, só um dos fonemas é usado.

Vejam o caso da oposição [-sonora] vs. [+sonora], nas fricativas /s/ vs. /z/ e /ʃ/ vs. /ʒ/, perceptível nos exemplos já codificados para facilitar sua compreensão: **<caça>** vs. **<casa>**; **<chá>**, **<já>**. Quando, porém, a posição for em final de sílaba, inclusive de vocábulo, ocorrerão os seguintes fenômenos: se o fonema seguinte for [-sonoro], isto é, surdo, fica impossível ocorrer /z/ ou /ʒ/ (o mesmo, se forem seguidos de silêncio), como em **<meninos portugueses>**. Mas, se o fonema seguinte for [+sonoro], fica impossível ocorrer /s/ ou /ʃ/. Dizemos, então, que houve a suspensão da função do traço + ou – sonoro e postulamos o arquifonema |S|.

Mas a suspensão ainda pode ser do ponto de articulação. Assim a função que distingue o traço + ou -anterior em **<rocha>** vs. **<roça>** e **<casado>** vs. **<cajado>**, fica suspensa em final de sílaba, inclusive de vocábulo, na dependência da variedade sociolinguística, uma vez que, em tal contexto, o carioca somente usará as duas consoantes [-anteriores] /ʃ/, /ʒ/, respectivamente, em **<casta>** e **<mesmo>** e o gaúcho só usará as duas consoantes [+anteriores] /s/, /z/. Observem, como, nesse caso, o sistema de escrita do português preservou o registro do arquifonema |S|, usando o mesmo grafema para todos os casos: <s>.

Resumo da codificação do arquifonema |S| → <s>:

1.º - depois das vogais [-posteriores] /i/, /ɛ/, /ĩ/ (exclui-se /e/), quando iniciarem vocábulo e quando |S| estiver em final de sílaba e o fonema seguinte for consoante, como em **<isto>**, **<esta>**, **<instou>**; no mesmo contexto, mas depois de qualquer vogal [+posterior], como em **<fustão>**, **<ostra>**, **<hóstia>**, **<asma>**;

2.º - em final de sílaba começada por uma ou duas consoantes, seguida(s) de vogal e o fonema seguinte ao |S| for consoante, como em **<circunscrever>**, **<crosta>**, **<contrasta>**, **<entristece>**, **<desde>**, **<presta>**, **<menstrua>**;

3.º - em final de vocábulo paroxítono ou proparoxítono, isto é, depois de vogal átona ou ditongo nasal, como em **<meninos>**, <álbuns>, **<elétrons>**, **<casas>**, **<ímãs>**, **<lápis>**, **<livres>**, **<órgãos>**, **<virgens>**. Essa última codificação resolve uma grande dúvida que os alunos têm (escrever com "s" ou com "z"?), a qual se mantém quando o vocábulo for oxítono ou monossílabo tônico, como em "eu fiz"/ "eu quis". Essa dificuldade é superada, conforme já vimos, ensinando-se a grafar com ajuda da derivação morfológica.

5) Depois de ter explicado em profundidade a noção de arquifonema, volto ao caso 3, que trata da **codificação das vogais orais /a/, /u/, /o/, /i/, /e/ átonas, seguidas ou não do arquifonema |S|, no vocábulo de estrutura canônica do PB, ou seja, os vocábulos paroxítonos, terminados por tais vogais.**

Codificam-se, pois, em <o>, <e> os arquifonemas |U|, |I| que, na maioria das variedades sociolinguísticas do PB resultam da neutralização, respectivamente, dos fonemas /u/, /o/, /i/, /e/, em favor de /u/, /i/, quando, em posição átona final de vocábulo, forem seguidos ou não do arquifonema |S|, como nos exemplos /ˈ**sinU**/→ **<sino>**; /ˈ**vivI**/ → **<vive>**.

Em sentido estrito, isto resulta num contexto competitivo, pois os respectivos grafemas tanto podem ser <u> (forma marcada), <o> (forma defaut)/, <i> (forma marcada), <e> (forma defaut), mas a forma marcada é raríssima e usualmente vem seguida do grafema <s>, como em ônus, lápis. O **que constitui um dos maiores problemas para o aprendiz é que nas variedades sociolinguísticas mais frequentes os fonemas que ocorrem são /u/, /i/, ocasionando um conflito entre eles e a respectiva codificação <o>, <e>.**

6) **Codifica-se o fonema /s/** dependente de outros contextos, além dos já examinados, em início de vocábulo e antes de vogais posteriores, ou da semivogal /w/, quando a tradução é no grafema <s>):

1.º - **depois da semivogal** /j/, quando inicia sílaba interna, **antes de vogal** [-posterior], **/s/** se codifica como **<c>**, como nos exemplos: <**foice**>, <**coincide**>, <**coiceio**>, <**desbeicem**>;

2.º - **depois da semivogal** /j/, quando inicia sílaba interna, **antes de vogal**[+**posterior**], /s/ se codifica como <ç>, como nos exemplos: <**oiço**>, <**desbeiçou**>, <**feições**>, <**oiça**>, <**feição**>.

Essa previsibilidade quando a semivogal /j/ precede o fonema /s/ é um auxiliar, pois o contexto intervocálico /V/_/V/ para codificar o fonema /s/ é o mais competitivo do PB escrito.

7) **Codifica-se o fonema /z/** quando estiver no **início do vocábulo**, no grafema <**z**>, como nos exemplos <**zinco**>, <**zelo**>, <**zona**>, <**zumbi**>.

8) **Codifica-se o fonema /ʃ/ em <x>**, quando, depois dos ditongos /ej/, /ow/, /aj/, estiver **iniciando sílaba**, como nos exemplos: <**deixa**>, <**trouxa**>, <**caixa**>. Observe que, na oralidade, a tendência é reduzir o ditongo, apagando a semivogal: as pessoas dizem [ˈ**deʃɐ**], [ˈ**troʃɐ**], [ˈ**kaʃɐ**], portanto, a aplicação dessa codificação se dá por efeito retroativo do sistema de escrita, ou seja, por aprendizagem de como se escrevem os radicais primários, dos quais derivam todas as formas derivadas, onde os três ditongos são preservados na escrita: <**deix-**>, <troux->, <**caix-**>.

9) Examinarei agora a codificação dos fonemas /r/ e /l/, dependentes do contexto fonológico. Lembre-se de que /r/ se realiza como um *flap*, uma leve batida da ponta da língua contra os alvéolos e não pode ser nem emitido, nem ouvido isoladamente e de que /l/, nos contextos que vou examinar (em início de sílaba ou no encontro consonantal) se realiza no mesmo ponto de articulação, mas a ponta da língua permanece por instantes presa aos alvéolos, enquanto as moléculas de ar vibram pelas laterais, na boca, por isso o som pode ser produzido e ouvido isoladamente.

Pois bem, o primeiro contexto fonológico de /r/ ou /l/ é virem depois de uma vogal oral ou semivogal e antes de uma vogal, codificando-se, respectivamente, nos grafemas <r> ou <l>, como em: <pires>, <pereira>, <ferem>, <moçoila>, <baile>, <pula>, <bolão>, <atolem>, <calo>; <vila>, <deleite>, <selem>, <heureca>, <pairam>, <cura>, <porão>, <morem>, <caro>.

Um contexto fonológico muito frequente em que /r/ se codifica em <r> é quando a palavra termina pelo arquifonema |R| (e isso ocorre em todos os verbos no infinitivo e na 1ª e 3ª pessoas do singular do infinitivo pessoal e do futuro do subjuntivo) e for seguida por palavra que inicie por vogal, como no provérbio 'O comer e o coçar está no começar', na transcrição fonológica: /uku´merjuko´sariS´tanukome´saR/.

O segundo contexto fonológico de /r/ ou /l/ é no encontro consonantal, depois /p/, /b/, /t/, /d/, /k/, /g/, /f/, /v/, codificando-se, respectivamente, nos grafemas <r> ou <l>, como em: <compres>, <sombra>, <entram>, <podre>, <lacre>, <grade>, <plano>, <bloco>, <flores> (com lacuna dos encontros tl, dl, vl, salvo derivados de 'atlas' e empréstimos como 'Vladimir').

Registre-se a dificuldade no processo da alfabetização para a escrita de as crianças codificarem os encontros consonantais, decorrente da complexidade maior de seu processamento, tanto em nível da percepção quanto da automatização dos gestos motores silábicos, além de que o som que realiza o primeiro fonema do encontro, salvo quando for [v], ou [f], não poder ser produzido ou ouvido isoladamente, por serem os oclusivos [p], [b] , [t] , [d] , [k] , [g]. A dificuldade acresce quando que o som que realiza o segundo fonema do encontro, também não poder ser produzido ou ouvido isoladamente, por ser o flap apicoalveolar.

10) Por fim, examinarei a codificação do **arquifonema |R|**, codificado sempre pelo grafema **<r>**. Vejamos os contextos fonológicos:

1.º - em início de vocábulo, como em **<rato>**, **<ronda>**;

2.º - depois de vogal nasal e antes de qualquer vogal oral ou vogal nasal, como em **<enrolar>**;

3.º - depois dos arquifonemas |**W**| ou |**S**|, em final de sílaba interna, como em **<melro>**, **<desrespeito>**;

4.º - em final de sílaba interna ou de vocábulo como em **<partir>**, **<porta>**, **<perto>**, **<mar>**.

Em algumas variedades sociolinguísticas, entre as quais o dialeto caipira, ocorre o arquifonema |**R**|, como resultado da neutralização da distinção entre os fonemas **/l/**, **/r/**, em favor desse último, realizado como o som retroflexo apical, como em **<mal>**, **<falta>**, **<culto>**.

A tendência de apagamento da consoante em final do vocábulo, no PB, constitui-se numa das grandes dificuldades na alfabetização para a escrita.

11) Examinarei nesse passo a codificação da semivogal /j/, dependente do contexto fonológico. Trata-se uma das mais difíceis à aprendizagem na alfabetização, em virtude de não serem usadas letras específicas para realizarem os grafemas que representam as semivogais /j/, /w/.

É necessário, primeiro, o professor trabalhar com o aprendiz o reconhecimento dos ditongos, a partir do princípio de que no PB, somente uma e apenas uma vogal (obrigatória) pode ser centro silábico, com exercícios do tipo: Quantas sílabas existem na palavra papai? (Duas). E quantas vogais? (Duas). Quantas sílabas existem na palavra mamãe? (Duas). E quantas vogais? (Duas).

Vejamos, então a codificação previsível da semivogal /j/, dependente do contexto fonológico:

1) Em sílaba final de vocábulo, quando /j/ vier depois de vogal oral, seguido ou não do arquifonema |S|, codifica-se no grafema <i>. Exemplos: <dei>, <fósseis>, <constrói>, <fui>.

Observe que, em muitas variedades sociolinguísticas como a carioca, se o vocábulo for oxítono ou monossílabo tônico terminado por /eS/, ocorre uma ditongação → [ejʃ], [ejʒ], como na palavra já em transcrição grafêmica, para facilitar, <burguês>, mas a codificação não registra as variantes fonéticas, sejam elas determinadas pelo contexto fonético e/ou pelas variedades sociolinguísticas: os grafemas representam os fonemas e não os sons, é uma codificação que tem que ser aprendida e automatizada.

2) Quando /j/ estiver em sílaba interna de vocábulo, se os ditongos forem /ej/, /aj/ como nas palavras já em transcrição grafêmica, para facilitar, <**deixa**>, <**caixa**>, observe que, na oralidade, a tendência é reduzir o ditongo, apagando a semivogal: as pessoas dizem [ˈdeʃɐ], [ˈkaʃɐ], mas a codificação não registra as variantes fonéticas, conforme acima comentado.

Outra ocorrência muito frequente da semivogal /j/, no português, é num encontro vocálico não rotulado nas nomenclaturas oficiais, em que duas vogais ocupam a esquerda e a direita da semivogal (não é um tritongo!), como nos exemplos em transcrição grafêmica, <ideia>, <joia>, <aia>. Uma análise fonológica pode dividir as sílabas do último exemplo em a – ia, concluindo que a última é um ditongo crescente. O que não se pode rotular é a primeira separação silábica como um caso de hiato, pois a sequência é de uma vogal seguida por semivogal. Uma análise fonética permite constatar que se trata de um caso de ambissilabicidade, em que parte da semivogal pertence à primeira vogal [**a**], formando um ditongo decrescente e parte, à 2ª vogal [a], formando um ditongo crescente.

3) A semivogal /j/ é codificada pelo grafema <e> quando, em final de vocábulo, seguida ou não do arquifonema |S|, for nasalizada em virtude de o centro silábico que a preceder ser /ã/, /õ/, como nos exemplos em transcrição grafêmica: <mãe>, <limões>.

4) A semivogal /j/ é codificada pelo grafema <m> quando, em final de vocábulo, for nasalizada em virtude de o centro silábico que a preceder ser /ẽ/, como nos exemplos em transcrição grafêmica: <alguém>, <escrevem>.

5) A semivogal /j/ é codificada pelo grafema <n> quando, em final de vocábulo, seguida do arquifonema |S|, for nasalizada em virtude de o centro silábico que a preceder ser /ẽ/, como nos exemplos em transcrição grafêmica: <homens>, <tens>, <reféns>.

12) Examinarei nesse passo a codificação da semivogal /w/, dependente do contexto fonológico. Como a codificação da semivogal /j/, também se trata de uma das mais difíceis à aprendizagem na alfabetização, em virtude não serem usadas letras específicas para realizarem os grafemas que as representem.

Da mesma forma, aqui, o professor deve trabalhar com o aprendiz o reconhecimento dos ditongos, a partir do princípio de que no PB, somente uma e apenas uma vogal (obrigatória) pode ser centro silábico, com exercícios do tipo: Quantas sílabas existem na palavra falou? (duas). E quantas vogais? (duas). Quantas sílabas existem na palavra mamão? (duas). E quantas vogais? (duas).

Vejamos, então a codificação previsível da semivogal /w/, dependente do contexto fonológico:

A semivogal /w/ é sempre codificada pelo grafema <o>, desde que a palavra não seja verbo, quando, em final de vocábulo, seguida ou não do arquifonema |S|, for nasalizada em virtude de o centro silábico que a preceder ser /ã/, como nos exemplos em transcrição grafêmica: <mão>, <mãos>, <órfão>, <órfãos>. Nos verbos, na 3ª pessoa do plural, a semivogal /w/ nasalizada é codificada pelo grafema <o> quando, em final de vocábulo (não seguida do arquifonema |S|), somente quando o vocábulo for monossílabo tônico ou oxítono: <são>, <estão>, <cantarão>; se o vocábulo verbal for paroxítono, a semivogal /w/ nasalizada é codificada pelo grafema <m>, e o grafema <a>, embora represente a vogal nasal, não recebe til, como em <estavam>, <cantaram>.

No português escrito, a codificação diferencia /ˊ**o**/ vs. /ɔ/; /ˊ**e**/ vs. /ɛ/ quando usarmos diacríticos: o primeiro, de cada par, pelo acento circunflexo e o segundo, pelo acento agudo. Também é possível diferenciá-los pela presença do acento agudo oposta à ausência de acento gráfico, nos ditongos em monossílabos tônicos ou vocábulos oxítonos, como em <**réis**> / <**reis**>, <**sóis**> / <**sois**>, <**pastéis**>, <**pasteis**>, <**aluguéis**>, <**alugueis**>.

REGRAS DE ACENTUAÇÃO GRÁFICA

As regras de acentuação gráfica obedecem aos seguintes determinantes:

1.º - se /o//e/, /ɔ//ɛ/ figurarem em sílaba paroxítona e o vocábulo terminar nos arquifonemas |**W**|, |**R**| (<**têxtil**>, <**móvel**>,<**fértil**>, <**pulôver**>, <**néctar**>, <**repórter**>); em /ã/, /õ/, /ũ/ (<órfã>, <**próton**>, <**elétron**>, <**médium**>, <**fórum**>, seguidos ou não de |S|; em ditongos orais (<**fôsseis**>, <**têxteis**>, <**fósseis**>, <**débeis**>); em ditongos nasais que se grafam com <**en**>, como em <**sêmen**>, <**pólen**>, <éden>, <**hífen**>, <**gérmen**>, <**líquen**>, mas, no plural **não levam acento gráfico:** <**hifens**>, <**germens**>, <**liquens**>; em /**kiS**/ ~ /**kS**/, como em <**ônix**>, <**fênix**>, <**tôrax**> (condicionamento fonológico); se o(s) grafema(s) que termina(rem) a palavra for(em) <**i**>, <**u**>, <ão>, seguidos ou não de <**s**>, como em <ônus>, <**tênis**>, <**miosótis**>, <**abdômen**>, <**sêmen**>, <**pólens**>, <éden>, ou em <**ps**>, como em <**fórceps**>, <**Quéops**> (efeito retroativo da escrita);

2.º - se /o//e/, /ɛ//ɔ/ figurarem em monossílabo tônico ou forem tônicos em vocábulo oxítono, seguidos ou não de |S| (condicionamento fonológico), como em <**avô**>, <**lês**>, <**café**>, <**mó**>;

3.º - se /ɛ//ɔ/ forem centro silábico em ditongo em final de vocábulo, na codificação, recebem acento agudo, como em (<**dói**>, <**papéis**>; se /o//e/ forem centro silábico em ditongo em final de vocábulo, na codificação, NÃO recebem acento gráfico, como em <**dois**>, <**irei**>.

4.º - **Todos** os vocábulos **proparoxítonos** recebem acento gráfico (agudo ou circunflexo): <**árvore**>; <**cômodo**>.

Obs. /ã/ na posição proparoxítona é codificado com acento circunflexo, por ser nasal: <**ânimo**>, <**cântico**>, <**lâmpada**>.

5.º - Acentuação gráfica no **hiato**, quando /ˊi/, /ˊu/, estiverem em 2.º lugar, sozinhos na sílaba (com exceção do grafema <**s**>), como em <**saída**>, <**gaúcho**>, <**país**>, <**egoísmo**>, <**conteúdo**>, <**arguímos**>. Obs. /ˊi/ tem que ser oral, logo, em <**rainha**> não leva acento gráfico. Também não leva, quando repetido: <**xiita**>.

Também são acentuadas as oxítonas em que o /**i**/, /**u**/ estejam depois de ditongo em posição final ou seguidas de <*s*>: <**Piauí**>, <**tuiuiú**>. Observe que, nesse caso, não se trata de hiato e, sim, do encontro de uma semivogal com vogal, em sílabas separadas.

6.º - **Acento diferencial**: em 'pôde' (3ª pessoa do singular do pretérito perfeito do indicativo do verbo poder) para diferenciá-lo de pode

(3ª pessoa do singular do presente do indicativo desse verbo); no verbo 'pôr' para diferenciá-lo da preposição por.

7.º - Verbos terminados em /´**gwaR**/, /´**kwaR**/, /´**kwiR**/, grafemas **<guar>**, **<quar>**, **<quir>**, nas formas rizotônicas, isto é, quando o acento de intensidade cai no radical do verbo: as 3 pessoas do singular e a 3.ª do plural do presente do indicativo e do subjuntivo e dos imperativos (menos a 1.ª pessoa do singular que não a possuem) admitem 2 pronúncias:

a) a intensidade caindo sobre a vogal que precede as consoantes /**g**/ ou /**k**/ e, nesse caso, a codificação é com acento agudo sobre essa vogal, como em **<águo>**, **<averíguas>**, **<delínquem>**, **<apazígua>**;

b) a intensidade caindo sobre a vogal que sucede as consoantes /**g**/ ou /**k**/ e, nesse caso, a codificação é SEM acento gráfico sobre essa vogal, como em **<aguo>**, **<averiguas>**, **<delinquem>**, **<apazigua>**.

8.º - Os verbos terminados em /´**gwiR**/, **<guir>**, como **<arguir>** e derivados, só admitem a pronúncia com a intensidade caindo sobre a vogal que sucede a consoante /**g**/ e, nesse caso, a codificação é SEM acento gráfico sobre essa vogal, como em **<arguo>**, **<redarguas>**, **<redarguem>**.

A ESTRUTURA DOS VERBOS NO PORTUGUÊS

A estrutura canônica do verbo no português, descrita por Mattoso Câmara Jr. (Falcão Uchoa, 2004, p. 133) é: T (R + VT) + SF (SMT + SNP), lida como: o tema resulta da adição da vogal temática ao radical, mais o sufixo modo-temporal, mais o sufixo de pessoa e número (ambos morfemas cumulativos), como em "amávamos", em que am- é o radical, -á-, a vogal temática, amá-, o tema, -va-, o sufixo modo-temporal de pretérito imperfeito do indicativo e -mus, o sufixo número-pessoal da 1.ª pessoa do plural.

A tendência a apagar a consoante final das palavras, já observada na evolução do latim vulgar e consolidada no PB, atingindo os fonemas fricativos, como /s/, /ʃ/, /z/, /ʒ/; /r/, /R/, ocasionou a perda da informação que tais segmentos carregavam de assinalar o sufixo número-pessoal (como a 2.ª pess. do sing.) e de assinalar os modos infinitivo e subjuntivo (neste último caso, também assinalam tempo, o futuro).

Em decorrência, a informação redundante propiciada pelo acento tornou-se essencial, por isso, propus enriquecer a proposta de Mattoso Câmara Jr. com o acréscimo do suprafixo, como pode ser observado na oposição entre as 2.ª/3.ª pessoas do singular do presente do indicativo e o infinitivo na 1ª conjugação (a mais frequente entre as 3 conjugações): "pula" e "pulá(r)".

Proponho, ainda, a introdução da categoria de aspecto no sufixo modo-temporal, que passa a ser SMTA. A fórmula para a estrutura verbal do PB passa a ser:

T (R + VT) + SF (SMTA + SNP + SPF)

am + á + va + mos + ´ como em **amávamos**.

DERIVAÇÃO VERBAL

As regras de derivação morfológica verbal evitam a sobrecarga do léxico mental ortográfico, mesmo nos contextos competitivos. Convém enfatizar que, uma vez memorizadas no léxico mental ortográfico as formas primitivas, elas se mantêm na derivação, obedecendo, porém, às restrições impostas pelo contexto fonético.

É o caso, por exemplo, da derivação dos tempos pertencentes ao sistema verbal do pretérito perfeito: todas as formas derivadas de /**ki´zɛ-**/ e de /**fi´zɛ-**/, respectivamente codificadas nos grafemas <**quise**> e <**fize**>, temas da 2ª pess. sing. do pretérito perfeito do indicativo, dos verbos <**querer**> e <**fazer**>, preservam o <**s**> e o <**z**>, nos tempos derivados que são: o pret. m.-q.-perf. do indicativo (<**quisera**> e <**fizera**>) e o pret. imperf.. e o fut. do subjuntivo (<**quisesse**> e <**fizesse**>, <**quiser**> e <**fizer**>).

O mesmo princípio se aplica aos tempos derivados da 1.ª pess. sing. do pres. do indicativo, como no tema /´**ows**-/, codificado nos grafemas <**ouç-**>, do verbo /**ow´viR**-/, codificado nos grafemas <**ouvir**> que são: o pres. do subjuntivo (<**ouça**> e os imperativos negativo e afirmativo, esse último, menos as 2.ªs pessoas (<**não ouça**>, <**José, ouça**>).

Do tema da 2.ª pess. sing. do pres. do indicativo /´**owvI**/, codificado nos grafemas <**ouve**> derivam a 3.ª pess. sing. do pres. do indicativo /´**owvI**/, codificada nos grafemas <**ouve**> e a 2.ª pess. sing. do imperativo afirmativo /´**owvI**/, codificada nos grafemas <**ouve**>.

Do tema do infinitivo do verbo /**ow´vi**-/, codificado nos grafemas <**ouvi**> derivam as 3 pessoas do pl. do pres. do indicativo (<**ouvimos**>, <**ouvis**>, <**ouvem**>); todo o pret. imperf. (<**ouvia**>) e os fut. do pres. e do pret. (<**ouvirei**>, <**ouviria**>) do indicativo; o infinitivo pessoal (<**ouvir**>) e o gerúndio (<**ouvindo**>).

Observe que o verbo <**ouvir**> é regular no sistema do pretérito perfeito, pois o tema é idêntico ao do infinitivo: /**owˈvi-**/, codificado nos grafemas <**ouvi**>, conforme <**ouviste**>.

EXEMPLOS DE RESTRIÇÕES NA CODIFICAÇÃO GRAFÊMICA, IMPOSTAS PELO CONTEXTO FONÉTICO

O fato de a vogal seguinte aos fonemas /**g**/, /ʒ/ ou /**s**/ ser [+posterior/ ou /-posterior/ determinará seleções distintas na codificação. Por exemplo: /ˈ**ligU**/ codifica nos grafemas <**ligo**>, porque o arquifonema |**U**| representa a neutralização entre as vogais posteriores /**u**/ vs. /**o**/, mas se a vogal for menos posterior, como em /ˈ**ligI**/, codificado nos grafemas <**ligue**>, para que seja mantido o mesmo fonema /**g**/, torna-se necessário usar o dígrafo.

O mesmo raciocínio vale para /ˈ**kasU**/ codificado nos grafemas <**caço**> e /ˈ**kasI**/, codificado nos grafemas <**cace**>; /**diˈriʒU**/ codificado nos grafemas <**dirijo**>; /**diˈriʒI**/, codificado nos grafemas <**dirige**>.

INSTRUÇÕES PARA ENSINAR A REVISAR

Caros professor e professora,

É claro que, na exposição acima, procurei transmitir os fundamentos da revisão: desses conhecimentos, você vai extrair e adaptar ao nível dos alunos aqueles que disserem respeito às falhas mais frequentes na redação de seus alunos.

Na prática, você deve recomendar-lhes que elaborem o borrão, deixando uma margem à esquerda de 1/3 da página para as anotações.

Dou a seguir, um exemplo, da sexta leitura, para revisar ortografia em alunos do 2º ano: cuidar se as palavras paroxítonas que terminam pelos sons [u], [i], seguidas ou não pela letra **s** e que não levam acento gráfico (as mais frequentes do português brasileiro, com exceção dos vocábulos átonos), estão grafadas, respectivamente, com **o**, **e** (é claro que algumas poucas palavras se escrevem com as letras '**i**', '**u**', seguidas ou não de '**s**' e daí levam acento gráfico, como <**lápis**>, <**ônus**>.

Você vai ensinar as crianças a utilizarem o seguinte código para as correções:

Toda a vez que você tiver que eliminar ou substituir uma ou mais letras, ou até palavras, sinais gráficos ou de pontuação, coloque / em cima. Repita o / na margem de 1/3 para cada ocorrência: no caso de eliminar, não escreva nada depois do / na margem de 1/3; no caso de substituir, escreva a(s) letra(s), palavra(s) ou sinais gráficos, ou de pontuação corretos na margem de 1/3, depois do respectivo /. Toda a vez que você tiver que acrescentar uma ou mais letras, ou até palavras, sinais gráficos ou de pontuação, coloque / no espaço. Repita o / na margem de 1/3 para cada ocorrência e escreva a(s) letra(s), palavra(s) ou sinais gráficos, ou de pontuação corretos na margem de 1/3, depois do respectivo /, que deseja acrescentar. No caso de permuta, use o símbolo ~ sobre os itens a serem permutados. Veja exemplo abaixo:

/A g /e /r /à /h   A/gente pode si/ve/a/s 18:00 /oras.

BRINCANDO DE 'SENHOR RADICAL'

Vou dar um exemplo de como as educadoras trabalham com ortografia, apoiadas na derivação morfológica, com as crianças de sete anos, no 2.º ano do EF. Dirigindo-se às crianças:

"As pessoas têm muita dificuldade para saber como vão escrever o som [zzz], quando aparece entre vogais. Não sabem se vão usar a letra" (dizendo [zzz] antes, aponte para z ou s) "que nós já aprendemos a traçar em letra cursiva. Por isto, vou dar umas dicas para vocês resolverem essa dúvida. Lembram quando estudamos nos verbos que o pretérito perfeito é o tempo que vocês usam quando querem narrar algo que vocês fizeram no passado, uma ação que terminou naquele momento?

Ele tem uma pessoa que é muito poderosa, a 2.ª pessoa singular, muito usada pelos gaúchos, que usam o 'tu'. Vou dar dois exemplos: "-Tu quiseste me ajudar? Pois fizeste muito bem"! Aquele '-ste' tem o mesmo significado que 'tu', significa 2.ª pessoa singular. Apagando esse '–ste', sobra o pai, o Sr. Radical (engraçado esse nome, não é?) que, nos dois exemplos, é quise-, fize-. Quando o Sr. Radical, no pretérito perfeito, como em quiseste, for diferente do Sr. Radical no nome do verbo, como em querer, dizemos que o verbo é irregular.

O Sr. Radical tem muitos filhos: agora é que vocês vão resolver a dúvida se vão escrever com" (dizendo [zzz] antes, aponte para **z** ou **s**). "Simples: o pai manda e os filhos obedecem. Se o Sr. Radical se escreve com" (dizendo [zzz] antes, aponte para **s**), "como em '**quise**'-, os filhos também, como em '**quiseram**'. Se o Sr. Radical se escreve com" (dizendo [zzz] antes, aponte para **z**), "como em ' **fize**'-, os filhos também, como em . O Sr. Radical não tem filhos só nos verbos. Vejam só os filhos de" (lendo em voz alta antes, aponte para **bras** e em todas as palavras em cursivas, a seguir), "radical de '**brasa**': **Brasil, brasileiro** de **sof**-" (lendo em voz alta antes, aponte para **sof** e em todas as palavras em cursivas, a seguir), "que significa **sabedoria, radical de** 'sofia': **filosofia**; de **duz** -" **(lendo em voz alta** antes, aponte para **duz e em todas as palavras em cursivas, a** seguir), "radical de '**produziu**': **traduzido, introduziram**.

CONSIDERAÇÕES FINAIS

Nesse capítulo, propus-me expor os fundamentos teóricos para o ensino da Ortografia seguidos pelo SSA, ilustrados com práticas desenvolvidas em crianças de sete anos do 2.º ano do EF.

Iniciei, argumentando que, em primeiro lugar, é necessário compreender em qual etapa do processamento se situa a conversão da fala interior em escrita, quando se dá a conversão dos fonemas em grafemas, realizados no português brasileiro, por uma ou duas letras, manuscritas ou digitalizadas, já que, produzir um texto começa com o planejamento de sobre o que se vai escrever (a mensagem), com qual finalidade pragmática e para quem, o que definirá o tipo e o gênero textuais e culmina com a atividade motora de digitar ou manuscrever, seguida pela revisão. É antes dos comandos motores quando se dá a conversão dos fonemas em grafemas que surge a que questão da Ortografia.

Portanto, o professor deverá conhecer os fonemas, no caso, do português brasileiro oral e os princípios que governam a conversão dos mesmos em grafemas, no sistema de escrita, princípios que descrevi, de forma exaustiva (Scliar-Cabral, 2003), subdivididos em conversão independente do contexto fonológico, dependente só do contexto fonológico, alternativas competitivas, dependente da morfossintaxe e do contexto fonológico e derivação morfológica, cujos exemplos verificaremos a seguir.

No capítulo, exemplifico alguns desses princípios, começando pelo mais simples, de onde se depreende que se trata do primeiro a ser automatizado ao se ensinar a ortografar: trata-se da conversão do fonema ao grafema, independente do contexto fonológico, como é o caso de /p/ → <p> (pato) e de /b/ → <b> (bato), por exemplo.

Demonstrei quais as conversões são mais complexas e, em consequência, as que demandam maior dificuldade no ensino da ortografia:

aquelas que são dependentes da morfossintaxe e do contexto fonológico, mas cujo ensino pode beneficiar-se do conhecimento da derivação morfológica.

Conclui-se, pois, que os profissionais que se ocupam do ensino da ortografia devem dominar os conhecimentos de fonologia e de morfologia do PB oral, bem como dos princípios do sistema alfabético do PB escrito, os quais foram aplicados pelo Sistema Scliar de Alfabetização.

REFERÊNCIAS

BINDER, J. R.; FROST, J. A.; HAMMEKE, T. A.; COX, R. W.; RAO, S. M.; TERKEURS, M.; BROWN, C. M.; HAGOORT, P.; STEGEMAN, D. F. Electrophysiological manifestations of open- and closed-class words in patients with Broca's aphasia with agrammatic comprehension: An event-related brain potential study. **Brain**, v. 122, p. 839-854, 1999. Disponível em: http://www.mpi.nl/publications/escidoc-67057. Acesso em: 24 jan. 2018.

CAMARA Jr., M. **História da Linguística**. Petrópolis: Vozes, 1975.

FALCÃO UCHOA, C. E. **Dispersos de J. Mattoso Câmara Jr.** 3. ed. Rio de Janeiro: Lucerna, 2004.

FRIEDERICI, A. The current Model. **Physiological Reviews**, v. 91, n. 4, p. 1357-1392, 2011a. Disponível em: http://www.cbs.mpg.de/mitarbeiter/friederici / current-model. Acesso em: 04 ago. 2016.

HAYES, J. R. A new framework for understanding cognition and affect in writing. *In*: M. C. LEVY; S. RANSDELL (eds.). **The Science of writing** – Theories, Methods, Individual Differences and Applications. Mahwah, N.J.: Lawrence Erlbaum, 1996. p. 1-27.

LIBERMAN, A. M. The relation of speech to reading and writing. *In*: R. FROST; L. KATZ (eds.). **Orthography, phonology, morphology and meaning**. Amsterdam: North-Holland, 1992. p. 167-178.

LOPEZ, B. A. **The sound pattern of Brazilian Portuguese** (Cariocan dialect). 1979. 530 f. Tese (Doutorado). Los Angeles: University of California, 1979.

LURIA, A. R. **Traumatic Aphasia: Its Syndromes, Psychology and Treatment.** The Hague: Mouton, 1970.

SCLIAR-CABRAL, L. **Princípios do sistema alfabético do português do Brasil**. São Paulo: Contexto, 2003. p. 123-206.

SCLIAR-CABRAL, L. **Sistema Scliar de Alfabetização – Fundamentos.** Florianópolis: Lili, 2013.

QUICOLI, A. C. Harmony, lowering and nasalization in Brazilian Portuguese. **Lingua**, v. 80, n. 4, p. 295-331, 1990.

A IMPORTÂNCIA DO PROCESSAMENTO VISUAL PARA A APRENDIZAGEM DA ORTOGRAFIA

Monique Herrera Cardoso

Thaís Contiero Chiaramonte

Ter um aluno disortográfico dentro de sala de aula é extremamente comum, seja em uma escola pública ou privada. A famosa troca de letras, omissão, erros no sequenciamento ou ainda ausência de pontuação são identificados por professores ao corrigir uma amostra de escrita. Esta dificuldade é decorrente da complexidade no processo de aquisição tanto da leitura quanto da escrita, sendo indispensáveis a aquisição de aspectos motores e o conhecimento amplo da linguagem, além de integridade nos processos atencionais, perceptuais e de memória (Luria, 1981; Cagliari, 1993; Barbosa *et al.*, 2010).

Para realizar a escrita ortográfica, é necessário que o escolar já domine ao menos o código da língua, ou seja, reconheça as letras visualmente e as transcreva de acordo com sua correspondente fonológica, já que são habilidades essenciais para escrever qualquer palavra (Puranik; Petscher; Lonigan, 2013; Vinci-Booher; James; James, 2016). Sabe-se que independentemente da metodologia de ensino, a aquisição das letras não é feita de forma aleatória, uma vez que crianças pré-escolares, em suas primeiras tentativas ao escrever uma palavra, utilizam com mais frequência aquelas letras nas quais foram expostas mais vezes (Pollo; Kessler; Treiman, 2009). Diante disso, estudos (Vries; Bus, 2010; Puranik; Lonigan, 2011, 2012) corroboram e mostram que é provável as crianças utilizarem mais as letras do seu nome do que as demais letras, sendo a primeira letra do seu nome a mais utilizada (Justice *et al.*, 2006).

Ao longo do processo de alfabetização, os escolares precisam grafar a letra "A" não somente no momento no início do nome "Aline", por exemplo, mas identificar que esta letra pode ocupar diferentes posições silábicas em diversas palavras. Nesta linha de raciocínio, os estudos (Polk *et al.*, 2009; Johnston; McClelland, 1973) demonstram que escolares reconhecem melhor a letra quando está no contexto de uma palavra do que isoladamente. Isso ocorre porque a criança, durante a leitura, fixa os olhos na palavra e as informações visuais destacam o processamento ortográfico, fonológico e semântico (Grainger, 2008). Na letra isolada, a fixação ocular traz informações somente dos traçados constituintes das letras.

Quando o cérebro recebe e interpreta as informações sensoriais visuais, podemos denominar essa habilidade de percepção visual (Auld *et al.*, 2011), em outras palavras, é um processo de atribuição de significado, compreensão e interpretação daquilo que o indivíduo viu (Brown, 2012). Dada a importância dessa habilidade para o desenvolvimento ortográfico, este capítulo tem como finalidade auxiliar os professores a compreender como esse processo é realizado e, consequentemente, fornecer orientações de como promover a percepção visual nos escolares.

O ARMAZENAMENTO DE INFORMAÇÕES VISUAIS NO CÉREBRO

O português brasileiro é caracterizado, segundo alguns autores (Angelelli *et al.*, 2016; Chiaramonte; Capellini, 2019), por sua transparência (quando um grafema representa apenas um fonema) e por sua opacidade ortográfica (quando um grafema representa mais de um fonema). Esta última, normalmente, é o que torna a escrita complexa, pois os escolares se apoiam nas questões fonológicas da língua como, por exemplo, no momento de escrever "gelo" ou "jelo", produzindo, portanto, erros ortográficos.

Para que dúvidas como esta sejam evitadas, as palavras que são constituídas a partir da opacidade ortográfica devem ser frequentemente expostas visualmente aos escolares, fazendo com que o escolar faça a memorização e reconhecimento das sequências de padrões ortográficos e visuais específicos de cada palavra (Batista; Chiaramonte, no prelo, Queiroga; Lins; Pereira, 2006; Barbosa *et al.*, 2010). Em outras palavras, no momento que o escolar realiza a leitura de palavras, é feita uma varredura no campo das informações visuais, tais como posição e forma das letras, traços constituintes, entre outras informações visuais que são analisadas simultaneamente (Kandel; Schwartz; Jessell, 1997), fazendo com que uma representação interna seja construída no cérebro atribuindo um significado. Esta representação poderá ser resgatada, por meio da memória visual no momento da escrita ortográfica.

De acordo com modelos de ativação interativos, a informação visual se mostra de forma contínua em uma rede ortográfica-fonológica-léxico-semântica, conforme pode ser visto no esquema abaixo (Figura 1). Esta rede, segundo modelos conexionistas, somente é realizada se houver a integridade do sistema neural, sendo necessária a ativação de neurônios no córtex frontal inferior, córtex temporal anterior, giro supramarginal, giro angular, giro fusiforme e córtex occipital (Figura 2).

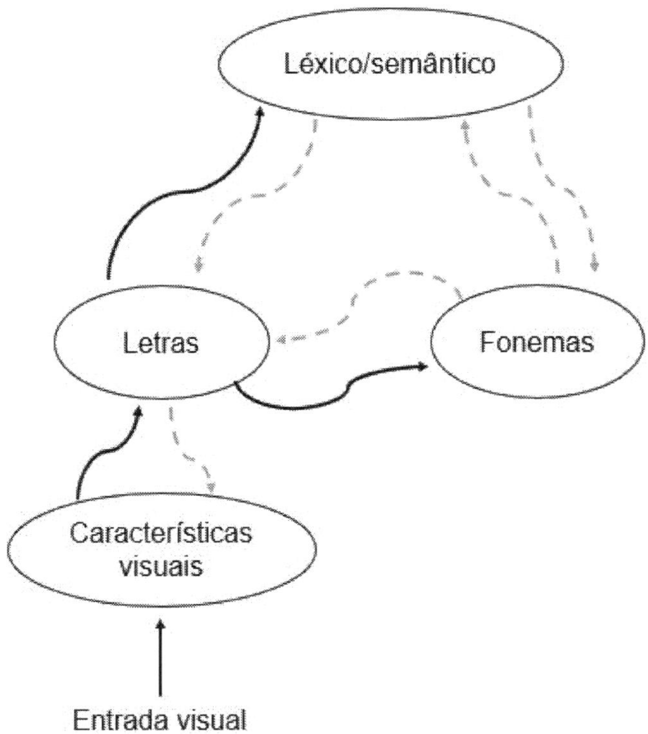

Figura 1 – Modelo de ativação interativo

Fonte: Traduzido pelas autoras.

Legenda: linhas pretas continuas denotam conexões de alimentação continua; linhas cinzas tracejadas denotam conexões de *feedback*.

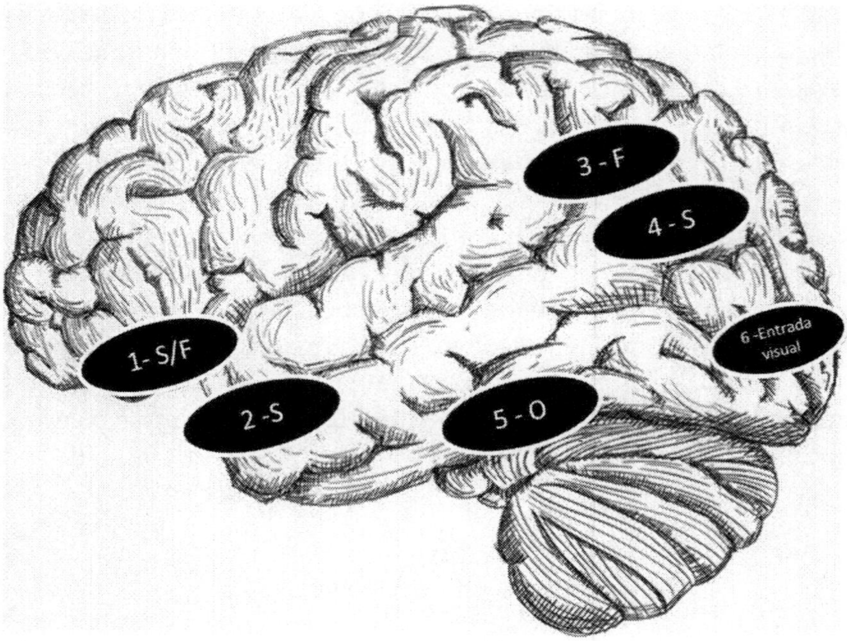

Figura 2 – Ativação de neurônios segundo modelo teórico conexionista

Fonte: Elaborado pelas autoras.

Legenda: região 1 - córtex frontal inferior – responsável pelo processamento semântico e fonológico; região 2 - córtex temporal anterior – responsável pelo processamento semântico; região 3 - giro supramarginal - responsável pelo processamento semântico e fonológico; região 4 - giro angular – responsável pelo processamento semântico; região 5 - giro fusiforme – responsável pelo processamento ortográfico; região 6 - córtex occipital – responsável pela entrada de informações visuais.

Professores e educadores responsáveis pelo processo de alfabetização devem ter conhecimento de que não existe uma única região cerebral responsável pelo processamento da escrita, mas sim, a ativação combinada de diferentes regiões cerebrais (Schirmer *et al.*, 2004).

No córtex frontal, por exemplo, ocorre o planejamento, organização e execução das ações motoras necessárias para a produção das letras e/ou palavras (Haar; Donchin; Dinstein, 2015; Longcamp *et al.*, 2017). O córtex parietal, também chamado de lobo visomotor, uma vez que a visão guia a ação motora (Ogawa; Inui, 2009; Milner; Goodale, 2006), é responsável pelas questões visoespaciais da grafia e na região occipital (córtex visual primário) é onde ocorre o processamento dos símbolos gráficos (Schirmer, 2004).

O córtex temporal tem um papel fundamental no momento da escrita, pois além de ser responsável pelo *feedback* auditivo e memória visual (hipocampo), nele está presente o giro fusiforme (também chamado de giro occipitotemporal, destacado em tracejado na Figura 3). De acordo com estudos com ressonância magnética funcional (Pesenti *et al.*, 2000; Zago *et al.*, 2001; Dehaene *et al.*, 2003; Stanescu-Cosson *et al.*, 2000) esta região (principalmente no hemisfério esquerdo) encontra-se a área de formação visual das palavras (Dehaene *et al.*, 1999; Gruber *et al.*, 2001). O giro fusiforme se mostrou envolvido no processamento ortográfico, pois é nele que ocorre a especificidade da letra, promovendo diferenciações visuais como, por exemplo, os traços envolvidos na grafia da letra A e da letra D (Dehaene *et al.*, 2004; Rothlein; Rapp, 2014), ou ainda, a diferença entre a mesma letra, porém com fontes diferentes (Barton *et al.*, 2010), como, por exemplo, usando *Times New Roman* ou *Comic Sans.*

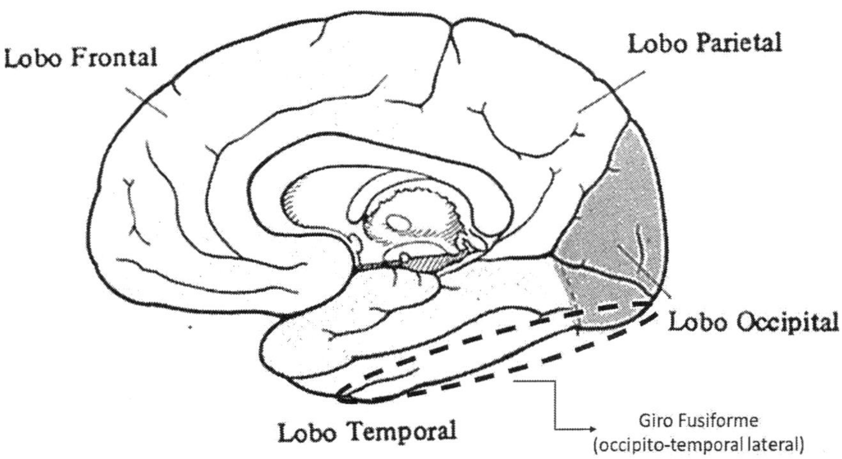

Figura 3 – Regiões cerebrais com destaque tracejado para a localização do giro fusiforme

Fonte: Elaborado pelas autoras.

Quando o escolar não é capaz de diferenciar as formas gráficas das letras, ele poderá, consequentemente, apresentar dificuldades em realizar as devidas correções ortográficas em uma tarefa de escrita (Fusco; Cardoso, 2014). Este déficit muitas vezes não é proveniente de alterações na acuidade visual, mas sim, na percepção visual, mais especificamente, ocorre um hipofuncionamento (baixa ativação neuronal) em regiões cerebrais (Fusco; Cardoso; Capellini, 2011).

COMO PROMOVER A PERCEPÇÃO VISUAL FAVORECENDO A ORTOGRAFIA

Escolares que apresentam erros ortográficos devido ao déficit na percepção visual, por vezes, apresentam lentidão ao aprender letras e números, ao realizar copias de textos podem apresentar letras espelhadas, erros no posicionamento correto das letras, omissões e substituições de letras (Quoos, 2008). Letras e números que são visualmente semelhantes, são em sua grande maioria das vezes identificados dos registros de erros ortográficos, como é o caso do numeral 1 para letra L, 2 para letra S, 3 para letra E, ou ainda, 4 para letra A. Nota-se que esta similaridade se dá pelos traços constituintes para a formação dessas letras e números, diferindo em detalhes, como abertura para esquerda ou direita (como no caso da combinação entre 3 e E; (Puranik; Petscher; Lonigan, 2013). Crianças com alteração na percepção visual não se atentam a esses detalhes, prejudicando, portanto, a sua escrita.

Desde a década de 60, as similaridades entre as letras vêm sendo investigadas. Um estudo internacional (Dunn-Rankin, 1968) com o objetivo de facilitar o aprendizado do escolar tentou dividir as letras minúsculas bastão por similaridades visuais (não foram incluídas as letras j, v, q, x e z porque se mostraram menos presentes nos livros infantis investigados na época), conforme pode ser visto na figura abaixo (Figura 4).

curtas e curvadas	linha e curva	altas, com linhas centrais	são mais raras, mas podem ocorrer
• e-c/ c-e	• b-d/ b-p	• f-l	• r-n
• a-c/	• p-b/ p-d	• f-t/ f-t	• y-u
• a-o/a-e	• d-b	• f-k	
• s-c	• n-u/ u-n/	• k-h	
• o-c/c-o	• n-m/ m-n	• i-l	
	• m-w/ m-u		
	• h-n/ n-h		

Figura 4 – Similaridade visual entre as letras minúsculas bastão

Fonte: Cardoso e Capellini (2019).

A quantidade de traços e os movimentos necessários para a produção das letras torna-as visualmente complexas, o que afeta o desempenho na escrita, ou seja, elas tendem a grafar mais facilmente letras com envolvem menos traços e consequentemente menos movimentos de punhos e dedos como, por exemplo, as letras X e O, em comparação as letras mais difíceis como, por exemplo, as letras Q e J (Hulstijn; van Galen, 1983; van Mier; Hulstijn, 1993; Yin; Treiman, 2013; Puranik; Petscher; Lonigan, 2013). Cabe aqui salientar que algumas alterações na escrita podem ser confundidas com erros ortográficos, mas na realidade pode ser que o aluno apresente alterações de natureza caligráfica, por conta de um déficit no processamento visual e/ na função motora fina, ocasionando, uma escrita disgráfica (Wuang; Su, 2009; Fusco; Germano; Capellini, 2015).

Apesar de tanto a ortografia quanto a caligrafia serem considerados habilidades de transcrição (externalização do idioma na forma de texto escrito), elas envolvem processos e análises diferentes, visto que a ortografia é tipicamente avaliada em termos de precisão, como o número de palavras escritas convencionalmente corretas isoladamente ou em texto (por exemplo, Graham *et al.*, 1997, Limpo; Alves, 2013a) já caligrafia é avaliada em termos de fluência ou legibilidade (Graham *et al.*, 1998).

De acordo com a literatura (Limpo; Alves; Connelly, 2017), déficits na ortografia e na caligrafia geram prejuízos na produção textual, isso porque os escritores se preocupam mais em como se escreve determinada palavra ou como realizar os traços para produzir as letras, que eles podem esquecer ideias já desenvolvidas ou desconsiderar regras básicas em sequenciar palavras dentro de frases (por exemplo, acordo de sujeito-verbo). Estudos apontam que a promoção dessas duas habilidades está entre as melhores formas efetivas de aumentar o desempenho da escrita, principalmente a produção textual, das crianças em idade escolar (Alves *et al.*, 2015; Graham; Perin, 2007).

Dada a importância da escrita nas sociedades de conhecimento atuais, é de extrema importância desenvolver práticas baseadas em evidências científicas que promovam o desempenho da escrita dos alunos (Graham; Gillespie; McKeown, 2013). Tratando-se especificamente da promoção da percepção visual, a literatura descreve sete aspectos que podem ser trabalhados: discriminação visual, relação visoespacial, memória visual, figura-fundo, closura visual, constância de forma e memória sequencial visual.

Abaixo, listaremos algumas sugestões de estratégias que professores e educadores podem utilizar em sala de aula.

ESTRATÉGIAS PARA DISCRIMINAÇÃO VISUAL

O professor deverá oferecer atividades que possibilitem os alunos perceberem os detalhes das letras, por exemplo, mostrar pares de letras visualmente semelhantes e solicitar que respondam no que elas se diferem.

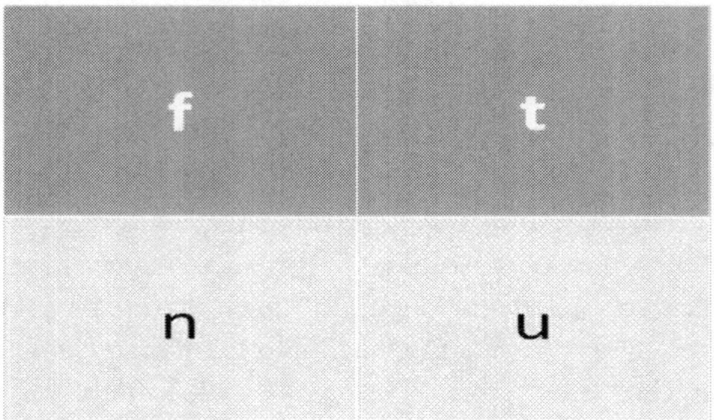

Figura 5 – Modelo de estratégia para discriminação visual

Fonte: Elaborado pelas autoras.

ESTRATÉGIAS PARA RELAÇÃO VISOESPACIAL

Um exemplo de atividade é oferecer uma letra alvo e na sequência mostrá-la rotacionada junto com outras letras, pedir para o escolar identificar a letra alvo.

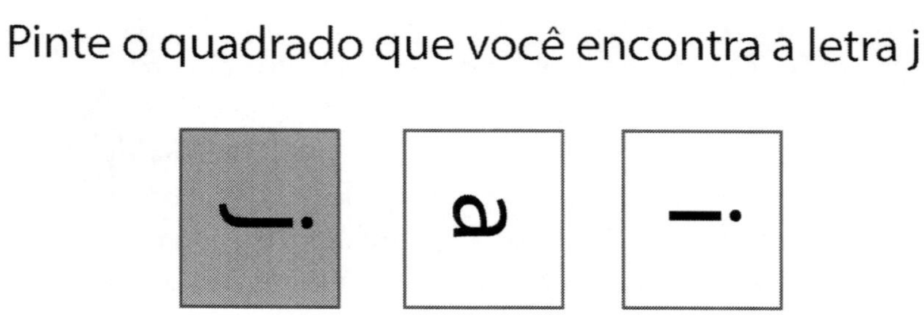

Figura 6 – Modelo de estratégia para relação visoespacial

Fonte: Elaborada pelas autoras.

ESTRATÉGIAS PARA MEMÓRIA VISUAL

Uma atividade é mostrar determinada letra ao escolar, por um curto período de tempo, e na sequência mostrá-la novamente com outras duas letras com traçados semelhantes. Solicitar ao escolar para identificar qual letra foi mostrada anteriormente.

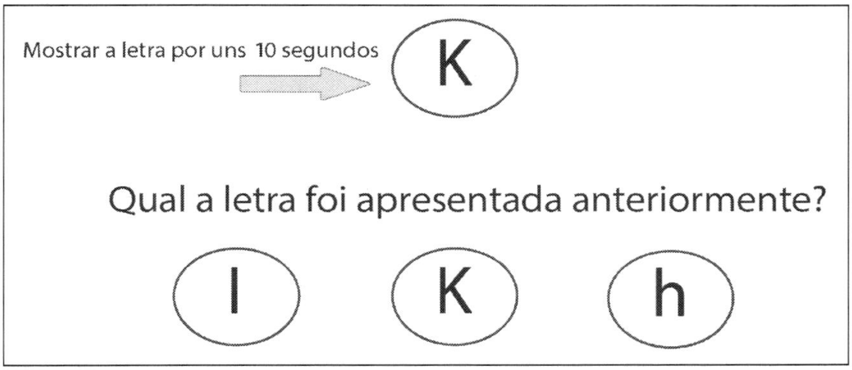

Figura 7 – Modelo de estratégia para memória visual

Fonte: Elaborado pelas autoras.

ESTRATÉGIAS PARA FIGURA-FUNDO

Para figura-fundo, o professor poderá misturar letras visualmente semelhantes e solicitar que o escolar as identifique.

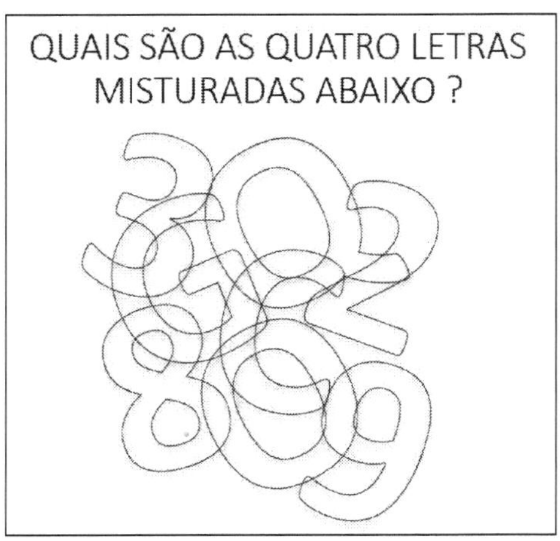

Figura 8 – Modelo de estratégia para figura-fundo

Fonte: Elaborado pelas autoras.

ESTRATÉGIAS PARA CLOSURA VISUAL

Na habilidade de closura visual, o escolar deverá identificar quais são as letras, mesmo diante a partes escondidas.

Figura 9 – Modelo de estratégia para closura-visual

Fonte: Elaborado pelas autoras.

ESTRATÉGIAS PARA CONSTÂNCIA DE FORMA

Nesta habilidade, o escolar dever identificar uma letra em uma determinada posição, por exemplo, começo de palavra, meio da silaba. Estratégias como esta favorecem ao escolar compreender que a letra pode ocupar diferentes posições silábicas e, consequentemente, formar diferentes palavras.

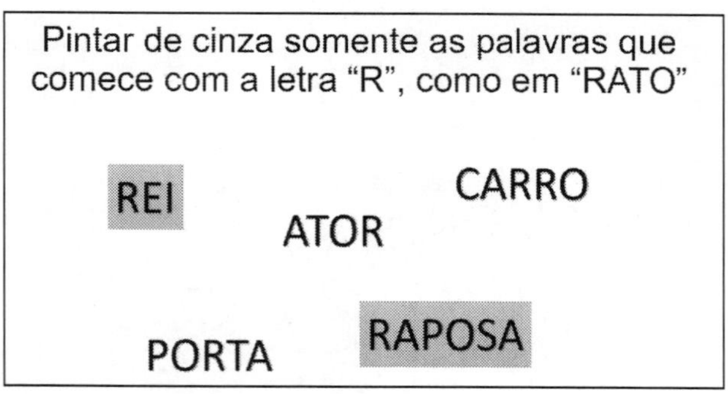

Figura 10 – Modelo de estratégia para constância de forma

Fonte: Elaborado pelas autoras.

ESTRATÉGIAS PARA MEMÓRIA SEQUENCIAL VISUAL

Para essa habilidade, o educador poderá escrever algumas palavras com cartões de letras e solicitar para que os alunos memorizem durante um intervalo de tempo. Na sequência, pedirá a eles que fechem os olhos e poderá apagar ou substituir, uma ou mais letras. Após abrirem os olhos, deve-se perguntar o que tem de diferente naquela palavra. Estratégias como essa podem facilitar as explicações gramaticais das regras ortográficas ou até mesmo o trabalho com aquelas palavras que não têm regra no português brasileiro.

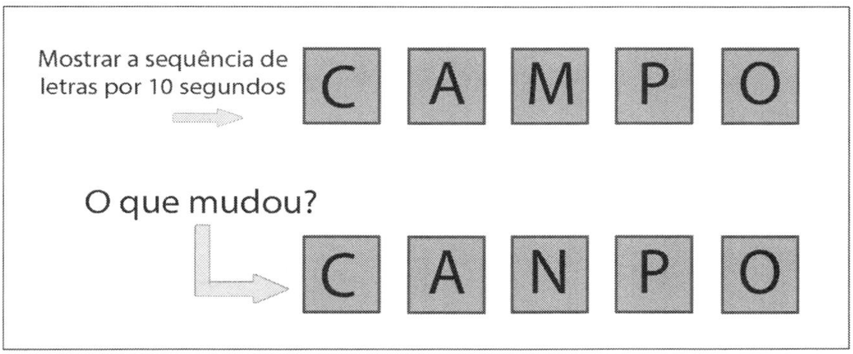

Figura 11 – Modelo de estratégia para memória sequencial visual

Fonte: Elaborado pelas autoras.

As estratégias mencionadas neste capítulo são apenas sugestões de como pode ser feito o trabalho com percepção visual, pensando no favorecimento da ortografia. Ainda não há consenso na literatura sobre quais são todas as habilidades que compõem o processamento ortográfico, contudo, as habilidades de análise de cada letra e sua posição dentro da palavra; capacidade de adquirir, armazenar e retomar as representações ortográficas; conhecimento de regras e convenções ortográficas; e aspectos visuais e holísticos da escrita são habilidades já encontradas em estudos como habilidades do Processamento Ortográfico (Kirby *et al.*, 2008; Apel, 2011; Rodrigues, 2017). Cabe, portanto, ao professor e/ou educador elaborarem suas atividades de sala de aula pautadas em evidências científicas, isso porque quanto mais capacitado estiver o professor, melhor será o rendimento do seu aluno.

CONSIDERAÇÕES FINAIS

Para um bom desenvolvimento da Ortografia, é necessário que o escolar domine as habilidades que compõem o Processamento Ortográfico, entretanto, o professor tem que ter em mente que a Língua Portuguesa não é fácil ou simples de ser compreendida e desenvolvida. O aluno passará por diferentes momentos de aquisição durante a sua jornada escolar, portanto, se faz necessário que, ao ser identificado um aluno com Disortografia, toda a equipe escolar, juntamente com fonoaudiólogo, psicopedagogo e a família busquem as melhores adaptações e intervenções necessárias para o sucesso acadêmico do aluno.

REFERÊNCIAS

ALÉGRIA, J.; LEYBAERT, J.; MOUSTY, P. Aquisição da leitura e distúrbios associados: avaliação, tratamento e teoria. *In:* GRÉGOIRE, J.; PIÉRART, B. **Avaliação dos problemas de leitura**: Os novos modelos teóricos e suas implicações diagnósticas. Tradução: Maria Regina Borges Osório. Porto Alegre: Artes Médicas, 1997. p. 105-124.

ALVES, S. F.; TEIXEIRA, C. R. Audiodescrição para pessoas com deficiência visual: princípios sociais, técnicos e estéticos. *In:* SANTOS; C.; BESSA, C. R.; LAMBERTI, F. (org.). **Tradução em Contextos Especializados**. Brasília: Editora Verdana, 2015. p. 34-45.

ANGELELLI, P.; MARINELLI, C. V.; IAIA, M.; PUTZOLU, A.; GASPERINI, F.; BRIZZOLARA, D.; CHILOSI, A. M. Spelling impairments in Italian dyslexic children with and without a history of early language delay. Are there any differences?. **Frontiers in psychology**, v. 7, n. 527, p. 1-13, 2016.

APEL, K. What is orthographic knowledge?. **Language, Speech, and Hearing Services in Schools**, v. 42, p. 592-603, 2016.

AULD, M.; BOYD, R.; MOSELEY, G. L.; JOHNSTON, L. Seeing the gaps: a systematic review of visual perception tools for children with hemiplegia. **Disability and rehabilitation**, v. 33, n. 19-20, p. 1854-1865, 2011.

BARBOSA, P. M. F.; BERNARDES, N. G. B.; MISORELLI, M. I.; CHIAPPETTA, A. L. D. M. L. Relação da memória visual com o desempenho ortográfico de crianças de 2ª e 3ª séries do ensino fundamental. **Revista CEFAC**, v. 12, n. 4, p. 598-607, 2010.

BARTON, J. J.; SEKUNOVA, A.; SHELDON, C.; JOHNSTON, S.; IARIA, G.; SCHEEL, M. Reading words, seeing style: the neuropsychology of word, font and handwriting perception. **Neuropsychologia**, v. 48, n. 13, p. 3868-3877, 2010.

BATISTA, A. O.; CHIARAMONTE, T. C. A Importância do Processamento Ortográfico para a Alfabetização. *In:* CAPELLINI, S. A.; GERMANO, G. D. **Livro da Fonoaudiologia Educacional**. Sociedade Brasileira de Fonoaudiologia. (no prelo).

BROWN, T. Are motor-free visual perception skill constructs predictive of visual-motor integration skill constructs?. **Hong Kong Journal of Occupational Therapy**, v. 22, n. 2, p. 48-59, 2012.

CAGLIARI, G. M. Sobre a natureza fonética do acento em português. **DELTA: Documentação e Estudos em Linguística Teórica e Aplicada**, v. 9, n. 2, p. 195-216, 1993.

CAGLIARI, L. C. **Alfabetização & linguística**. São Paulo: Scipione, 1997.

CARAVOLAS, M.; VOLÍN, J. Phonological spelling errors among dyslexic children learning a transparent orthography: the case of Czech. **Dyslexia**, v. 7, n. 4, p. 229-245, 2001.

CHIARAMONTE, T. C.; CAPELLINI, S. A. Relação do Perfil de Erros de Leitura e Escrita na Dislexia e Dificuldades de Aprendizagem. Revista Teias, v. 20, n. 58, 319-329, 2019.

DEHAENE, S.; MOLKO, N.; COHEN, L.; WILSON, A. J. Arithmetic and the brain. **Current opinion in neurobiology**, v. 14, n. 2, p. 218-224, 2004.

DEHAENE, S.; PIAZZA, M.; PINEL, P.; COHEN, L. Three parietal circuits for number processing. **Cognitive neuropsychology**, v. 20, n. 3-6, p. 487-506, 2003.

DEHAENE, S.; SPELKE, E.; PINEL, P.; STANESCU, R.; TSIVKIN, S. Sources of mathematical thinking: Behavioral and brain-imaging evidence. **Science**, v. 284, n. 5416, p. 970-974, 1999.

DIAS, R. S.; ÁVILA, C. R. B. D. Uso e conhecimento ortográfico no transtorno específico da leitura. **Revista da Sociedade Brasileira de Fonoaudiologia**, v. 13, n. 4, p. 381-390, 2008.

DUNN-RANKIN, P. The similarity of lower-case letters of the English alphabet. **Journal of Verbal Learning and Verbal Behavior**, v. 7, n. 6, p. 990-995, 1968.

FUSCO, N.; CARDOSO, M.; CAPELLINI, S. Intervenção com a percepção visomotora em escolares com problemas de aprendizagem. *In:* RIBEIRO, A. A. **Temas em cognição, linguagem e aprendizagem**. Ubá: Suprema Gráfica e Impressão LTDA, 2011.

FUSCO, N.; GERMANO, G. D.; CAPELLINI, S. A. Efficacy of a perceptual and visual-motor skill intervention program for students with dyslexia. **CoDas**, v. 27, n. 2, p. 128-134, 2015.

GRAHAM, S.; PERIN, D. What we know, what we still need to know: Teaching adolescents to write. **Scientific Studies of Reading**, v. 11, n. 4, p. 313-335, 2007.

GRAHAM, S.; BERNINGER, V. W.; ABBOTT, R. D.; ABBOTT, S. P.; WHITAKER, D. Role of mechanics in composing of elementary school students: A new methodological approach. **Journal of educational psychology**, v. 89, n. 1, 170, 1997.

GRAHAM, S.; BERNINGER, V.; WEINTRAUB, N.; SCHAFER, W. Development of handwriting speed and legibility in grades 1–9. **The Journal of Educational Research**, v. 92, n. 1, p. 42-52, 1998.

GRAHAM, S.; GILLESPIE, A.; MCKEOWN, D. Writing: Importance, development, and instruction. **Reading and writing**, v. 26, n. 1, p. 1-15, 2013.

GRAINGER, J. Cracking the orthographic code: An introduction. **Language and cognitive processes**, v. 23, n. 1, p. 1-35, 2008.

GRUBER, O.; INDEFREY, P.; STEINMETZ, H.; KLEINSCHMIDT, A. Dissociating neural correlates of cognitive components in mental calculation. **Cerebral cortex**, v. 11, n. 4, p. 350-359, 2001.

HAAR, S.; DONCHIN, O.; DINSTEIN, I. Dissociating visual and motor directional selectivity using visuomotor adaptation. **Journal of Neuroscience**, v. 35, n. 17, p. 6813-6821, 2015.

HAGILIASSIS, N.; PRATT, C.; JOHNSTON, M. Orthographic and phonological processes in reading. **Reading and Writing**, v. 19, n. 3, p. 235-263, 2006.

HULSTIJN, W.; VAN GALEN, G. P. Programming in handwriting: Reaction time and movement time as a function of sequence length. **Acta Psychologica**, v. 54, n. 1-3, p. 23-49, 1983.

JOHNSTON, J. C.; MCCLELLAND, J. L. Visual factors in word perception. **Perception & Psychophysics**, v. 14, n. 2, p. 365-370, 1973.

JUSTICE, L. M.; BOWLES, R. P.; KADERAVEK, J. N.; UKRAINETZ, T. A.; EISENBERG, S. L.; GILLAM, R. B. The index of narrative microstructure: A clinical tool for analyzing school-age children's narrative performances. **AJSLP**, v. 15, n. 2, p. 177-191, 2006

KANDEL, S.; SCHWARTZ, J. H.; JESSELL, T. **Neurociencia y Conducta**. Neurociencia. España: Prentice Hall, 1997.

KIRBY, J. R.; DESROCHERS, A.; ROTH, L.; LAI, S. S. Longitudinal predictors of word reading development. **Canadian Psychology/Psychologie canadienne**, v. 49, n. 2, p. 103-110, 2008.

LIMPO, T.; ALVES, R. A. Modeling writing development: Contribution of transcription and self-regulation to Portuguese students' text generation quality. **Journal of Educational Psychology**, v. 105, n. 2, p. 401-413, 2013.

LIMPO, T.; ALVES, R. A.; CONNELLY, V. Examining the transcription-writing link: Effects of handwriting fluency and spelling accuracy on writing performance via planning and translating in middle grades. **Learning and Individual Differences**, v. 53, p. 26-36, 2017.

LURIA, A. R. **Fundamentos de neuropsicologia**. São Paulo: EDUSP, 1981.

MACHADO, A. C.; CAPELLINI, S. A. Aplicação do modelo de tutoria em tarefas de leitura e escrita para crianças com dislexia do desenvolvimento. **Revista Ibero-Americana de Estudos em Educação**, v. 9, n. 1, p. 35-48, 2014.

MANZANO, J. L. G.; SANZ, M. T.; CHOCANO, A. J. D. **Fundamentos Para la Intervención en El Aprendizaje de la Ortografía. ORTOleco**: Programa de Desarrollo de la Ortografía. Ciencias de la Educación Preescolar y Especial, 2008.

MILNER, D.; GOODALE, M. **The visual brain in action**. OUP Oxford, 2006. v. 27.

OGAWA, K.; INUI, T. The role of the posterior parietal cortex in drawing by copying. **Neuropsychologia**, v. 47, n. 4, p. 1013-1022, 2009.

PESENTI, M.; THIOUX, M.; SERON, X.; VOLDER, A. D. Neuroanatomical substrates of Arabic number processing, numerical comparison, and simple addition: A PET study. **Journal of cognitive neuroscience**, v. 12, n. 3, p. 461-479, 2000.

PLANTON, S.; LONGCAMP, M.; PÉRAN, P.; DÉMONET, J. F.; JUCLA, M. How specialized are writing-specific brain regions? An fMRI study of writing, drawing and oral spelling. **Cortex**, v. 88, p. 66-80, 2017.

POLK, T. A.; LACEY, H. P.; NELSON, J. K.; DEMIRALP, E.; NEWMAN, L. I.; KRAUSS, D. A.; FARAH, M. J. The development of abstract letter representations for reading: Evidence for the role of context. **Cognitive Neuropsychology**, v. 26, n. 1, p. 70-90, 2009.

POLLO, T. C.; KESSLER, B.; TREIMAN, R. Statistical patterns in children's early writing. **Journal of experimental child psychology**, v. 104, n. 4, p. 410-426, 2009.

PURANIK, C. S.; LONIGAN, C. J. From scribbles to scrabble: Preschool children's developing knowledge of written language. **Reading and writing**, v. 24, n. 5, p. 567-589, 2011.

PURANIK, C. S.; LONIGAN, C. J. Name-writing proficiency, not length of name, is associated with preschool children's emergent literacy skills. **Early childhood research quarterly**, v. 27, n. 2, p. 284-294, 2012.

PURANIK, C. S.; PETSCHER, Y.; LONIGAN, C. J. Dimensionality and reliability of letter writing in 3-to 5-year-old preschool children. **Learning and individual differences**, v. 28, p. 133-141, 2013.

QUEIROGA, B. A. M. D.; LINS, M. B.; PEREIRA, M. D. A. L. V. Conhecimento morfossintático e ortografia em crianças do ensino fundamental. **Psicologia: Teoria e Pesquisa**, v. 22, n. 1, p. 95-99, 2006.

QUOOS, S. R. C. **A importância da percepção visual na aprendizagem como uma visão neuropsicopedagogica**. Orientador: Maria Letizia Marchese. 2008. 87 f. Monografia (Especialização em Psicopedagogia), Universidade Tuiuti do Paraná, Curitiba, 2008.

RODRIGUES, I. A. (2017). **Um estudo sobre a eficiência do processamento ortográfico em crianças com dislexia**. Orientador: Susana Araújo. 2017. 66 f. Dissertação (Mestrado em Neurociências Cognitivas e Neuropsicologia) – Faculdade de Ciências Humanas e Sociais, Universidade Algarve, Faro, 2017.

ROTHLEIN, D.; RAPP, B. The similarity structure of distributed neural responses reveals the multiple representations of letters. **NeuroImage**, v. 89, p. 331-344, 2014.

SAMPAIO, M. N.; FUSCO, N.; ROMERO, A. C. L.; AMARAL, A. C. D.; CAPELLINI, S. A. Spelling performance of public and private school students: A comparative study. **Estudos de Psicologia**, Campinas, v. 34, n. 3, p. 399-410, 2017.

SCHIRMER, A. Timing speech: a review of lesion and neuroimaging findings. **Cognitive Brain Research**, v. 21, n. 2, 269-287, 2004.

SCLIAR-CABRAL, L. **Princípios do sistema alfabético do português do Brasil**. Editora Contexto, 2003.

STANESCU-COSSON, R.; PINEL, P.; VAN DE MOORTELE, P. F.; LE BIHAN, D.; COHEN, L.; DEHAENE, S. Understanding dissociations in dyscalculia: a brain imaging study of the impact of number size on the cerebral networks for exact and approximate calculation. **Brain**, v. 123, n. 11, p. 2240-2255, 2000.

VAN MIER, H.; HULSTIJN, W. The effects of motor complexity and practice on initiation time in writing and drawing. **Acta psychologica**, v. 84, n. 3, p. 231-251, 1993.

VINCI-BOOHER, S.; JAMES, T. W.; JAMES, K. H. Visual-motor functional connectivity in preschool children emerges after handwriting experience. **Trends in Neuroscience and Education**, v. 5, n. 3, p. 107-120, 2016.

VRIES, A. C. B.; BUS, A. G. The proper name as starting point for basic reading skills. **Reading and Writing**, v. 23, n. 2, p. 173-187, 2010.

WUANG, Y. P.; SU, C. Y. Rasch analysis of the Developmental Test of Visual-Motor Integration in children with intellectual disabilities. **Research in Developmental Disabilities**, v. 30, n. 5, p. 1044-1053, 2009.

YIN, L.; TREIMAN, R. Name writing in Mandarin-speaking children. **Journal of Experimental Child Psychology**, v. 116, n. 2, p. 199-215, 2013.

ZAGO, L.; PESENTI, M.; MELLET, E.; CRIVELLO, F.; MAZOYER, B.; TZOURIO-MAZOYER, N. Neural correlates of simple and complex mental calculation. **Neuroimage**, v. 13, n. 2, p. 314-327, 2001.

A ESCRITA ORTOGRÁFICA NO ÂMBITO DO BILINGUISMO: O QUE PRECISAMOS COMPREENDER?

Luciana Cidrim

A transferência entre idiomas e as condições de aprendizagem são fundamentais na apropriação da leitura e da escrita por escolares bilíngues. Aprender dois sistemas ortográficos exigirá estratégias para o reconhecimento dos padrões gráficos em ambas as línguas. Diferenças e semelhanças podem ser internalizadas por meio de experiências em que os escolares sejam incentivados a testar suas hipóteses sobre a ortografia de cada idioma.

INTRODUÇÃO

Nos últimos anos, a aprendizagem da leitura e da escrita de escolares bilíngues tem atraído crescente interesse de profissionais envolvidos no processo de ensino-aprendizagem (Deacon *et al.*, 2013; Commissaire *et al.*, 2014; Mishra; Singh, 2014; Kay-Raining Bird; Genesee; Verhoeven, 2016, Krepel; Bree; Jong, 2020). O bilinguismo é uma construção multidimensional e dinâmica. Bilíngues são as pessoas que utilizam duas ou mais línguas em sua vida cotidiana (Grosjean,1992).

A transferência entre idiomas e as condições de aprendizagem são aspectos centrais a serem compreendidos no processo de apropriação da leitura e da escrita por escolares bilíngues. As pesquisas iniciais sobre esses aspectos tinham como foco a língua falada (Perkins; Salomon, 1992). No entanto, a partir dos anos 1990, os aspectos de compreensão de leitura, alfabetização e Ortografia têm sido abordados nas pesquisas sobre transferência entre idiomas (Geva; Ryan, 1993; Geva; Wade-Woolley; Shany, 1997; Joy, 2011; Commissaire *et al.*, 2014; Kay-Raining Bird; Genesee; Verhoeven, 2016; Krepel; Bree; Jong, 2020).

A palavra Ortografia é derivada da língua Grega: *orthos*, que significa correto, e *graphein*, que significa escrever. Assim, ortografia quer dizer escrita correta. O conhecimento ou repertório ortográfico, por sua vez, se refere à informação armazenada na memória, que diz respeito a como a língua falada é representada na linguagem escrita e é considerado uma importante ferramenta no processo de alfabetização (Apel; Henbest; Masterson, 2019).

Pesquisadores definem, também, o conhecimento ortográfico como a representação mental específica da escrita das palavras armazenado na memória de longo prazo (Papadopoulos; Georgiou; Kendeou, 2009; Conrad; Harris; Williams, 2013). Várias terminologias são utilizadas na literatura para se referir a esse armazenamento: representação grafêmica mental (Apel, 2010), imagem ortográfica mental (Ehri, 1980; Cunningham, 2006), *'sight word'* (Rosenthal; Ehri, 2008), imagem ortográfica visual (Apel; Swank, 1999), representação ortográfica (Conrad, 2008), conhecimento ortográfico específico da palavra (Nation; Cocksey, 2009) e representação ortográfica armazenada (Oullette; Senechal, 2008).

A compreensão do processo de desenvolvimento ortográfico é, para Treiman (1993), baseada em observações de erros ortográficos cometidos pelos escolares. Esses erros fornecem *insights* sobre como os escolares concebem o sistema fonológico e ortográfico de determinada língua e quais estratégias cognitivas utilizam para traduzir a linguagem oral para a forma escrita. O processamento ortográfico refere-se, portanto, à habilidade de formar, armazenar e acessar a representação ortográfica das palavras (Stanovich; West, 1989).

Há um consenso de que a aprendizagem da Ortografia da língua inglesa é desafiadora devido à complexidade ortográfica, mesmo para escolares nativos (Seymour; Aro; Erskine, 2003; Share, 2008). O inglês possui uma Ortografia profunda devido à complexidade das correspondências grafema-fonema, com múltiplas possibilidades fonêmicas para quase todos os grafemas. A relação fonografêmica, por si só, pode não garantir a escrita correta de uma palavra (Coltheart, 2005). Recursos morfológicos, ortográficos e contextuais adicionais (semânticos e sintáticos) são necessários para garantir a decodificação correta (Ricketts;

Nation; Bishop, 2007). O objetivo deste capítulo é discutir a escrita ortográfica no âmbito do Bilinguismo.

PERSPECTIVAS TEÓRICAS SOBRE TRANSFERÊNCIA ENTRE LÍNGUAS

A transferência entre línguas é um dos principais focos de pesquisas sobre a aquisição da alfabetização bilíngue, sugerindo que ambas as línguas impactam na representação uma da outra (Dixon; Zhao; Joshi, 2010), podendo ser diferente com duas línguas que compartilham as mesmas características dos sistemas de escrita (por exemplo, dois sistemas alfabéticos) daqueles com duas ortografias muito diferentes (por exemplo, um sistema alfabético e um logográfico) (Deacon *et al.*, 2013). A transferência também pode depender dos níveis de fluência do falante e da complexidade de ambos os sistemas de escrita (Sun-Aperin; Wang, 2011; Mishra; Singh, 2014; Yeong; Fletcher; Bayliss, 2014).

A complexidade da relação entre fonemas e grafemas em uma língua influencia as estratégias iniciais de ortografia dos escolares, como também os níveis de transferência entre línguas (Arab-Moghaddam; Senechal, 2001; Yeong; Fletcher; Bayliss, 2014). O inglês e o português, por exemplo, são línguas alfabéticas e compartilham algumas propriedades fonológicas e ortográficas. No entanto, essas duas ortografias também apresentam complexidade diferente. O inglês é frequentemente descrito como uma Ortografia profunda, pois é caracterizado por correspondências complexas e inconsistentes entre os fonemas e suas representações de grafema (Mayer; Crowley; Kaminska, 2007).

O português, por outro lado, tem uma estrutura silábica mais simples que o inglês, mas a relação entre fonemas e grafemas também não é simples e direta (Defior; Martos; Cary, 2002; Vale, 2011). Como no inglês, o sistema ortográfico do português depende de diferentes fatores: fonológicos, sintáticos e lexicais. Embora as vogais em português sejam claramente menos problemáticas do que em inglês, a grafia de alguns sons vocálicos também apresenta inconsistências (por exemplo, *o* e *u*). Sons consonantais específicos, como /s/, também podem ser complexos para as escolares escreverem, pois diferentes grafemas podem ser usados para representá-los.

Algumas perspectivas teóricas são utilizadas para explicar a transferência entre línguas: a Contrastiva -Tipológica (Lado, 1957, 1964), a Interdependência Linguística (Cummins, 1981), os Processos

Cognitivos Subjacentes Comuns (Geva; Ryan, 1993) e o Modelo de Facilitação de Transferência (Koda, 2008). Em seguida, serão descritas as características principais de cada perspectiva teórica.

TIPOLÓGICA-CONSTRATIVA

A perspectiva teórica Tipológica ou Contrastiva está relacionada ao Behaviorismo e às teorias de aprendizagem, mais especificamente, à aprendizagem da gramática da segunda língua (L2). De acordo com a hipótese da Análise Contrastiva de Lado (1957), os escolares tendem a transferir características de sua língua materna (L1) para L2, tanto ao falar como no modo de compreender o funcionamento da língua a ser aprendida.

Segundo Lado (1957, 1964), as diferenças interlinguísticas na aquisição de L2 podem ser previstas com base na comparação de características específicas de L1 e L2. Desta forma, é possível prever quais elementos de uma L2 seriam mais fáceis ou mais difíceis de adquirir para escolares advindos de uma determinada L1. Em outras palavras, a transferência pode ser 'positiva' ou 'negativa'.

Quando as estruturas linguísticas são muito diferentes, pode ocorrer transferência 'negativa' ou 'interferência de L1' (Robertson, 2000). O artigo definido, por exemplo, não é usado em chinês. Escolares chineses tendem a subutilizar o artigo em contextos obrigatórios em inglês. Na perspectiva Contrastiva, é enfatizada a comparação sistemática das estruturas linguísticas de L1 e L2, destacando que as semelhanças e diferenças interferem na aprendizagem de características específicas de L2.

Paradis, Genesee e Crago (2011) discutem que alguns erros observados no início da escolarização no processo de aprendizagem de L2 podem ser melhor compreendidos a partir de uma perspectiva que considere transferência, desenvolvimento e relação interlínguas, em conjunto. Para Zdorenko e Paradis (2008), os erros que refletem a transferência 'negativa de L1' podem ser mais observados nos estágios iniciais da aquisição de L2.

INTERDEPENDÊNCIA LINGUÍSTICA

Outro referencial teórico que diz respeito à transferência L1-L2 é a hipótese da Interdependência Linguística de Cummins

(1979,1981). Influenciada pela Psicologia Cognitiva, a perspectiva de Interdependência afirma que na medida em que a instrução em L1 é eficaz, ocorre transferência dessa aptidão para L2, desde que haja exposição adequada de L2, no ambiente acadêmico e social, além de motivação adequada para aprender L2 (Cummins, 1981). Essa perspectiva tem sido criticada por falta de especificidade quanto à definição de interdependência e a falta de clareza em explicar o que, de fato, está sendo transferido (Genesee *et al.*, 2006).

PROCESSOS COGNITIVOS COMUNS SUBJACENTES

Nessa perspectiva teórica, é analisada em que medida as habilidades de processamento cognitivo subjacentes de aquisição de linguagem e habilidades de alfabetização de L1 influenciam as habilidades adjacentes de L2 (Geva *et al.*, 1997; Jared *et al.*, 2013). Deste modo, podem ser esperadas correlações entre as habilidades de leitura de L1 e L2, mesmo quando as ortografias sob aquisição variam em complexidade, e que escolares que têm dificuldade de leitura em uma língua terão as mesmas dificuldades em outra língua (Jared *et al.*, 2013).

Habilidades de processamento cognitivo, como memória operacional fonológica, habilidade metafonológica (consciência fonológica) e nomeação automatizada rápida são a base para a aquisição de processos de leitura de L1 e L2. Nessa perspectiva, as diferenças individuais nas habilidades de leitura em L1 e L2 podem ser previstas por um conjunto de construções cognitivas comuns subjacentes (Geva; Ryan,1993).

MODELO DE FACILITAÇÃO DE TRANSFERÊNCIA

Koda (2008) propôs o Modelo de Facilitação de Transferência para explicar como as habilidades metalinguísticas (consciência fonêmica e consciência morfológica) que se desenvolvem em uma língua contribuem para o desenvolvimento de habilidades de leitura em outra língua. Segundo Koda (2008), a transferência é uma ativação automática de competências bem estabelecidas na primeira língua, desencadeada pela entrada da segunda língua. A transferência ocorre independentemente da intenção dos escolares e não é facilmente controlada. É um processo dinâmico, dada a interação constante entre as competências de L1 bem estabelecidas e a exposição contínua na L2. Para que ocorra a transferência, as competências a serem transferidas devem estar bem estabelecidas na primeira língua. Além disso, é pouco provável que a transferência cesse em qualquer ponto do desenvolvimento do segundo idioma, serão desenvolvidos continuamente por meio da experiência com o segundo idioma (Koda, 2008).

Mai recentemente, Chung, Xen e Geva (2019) ressaltam que os conceitos de transferência evoluíram e consideram que as perspectivas teóricas existentes não dão conta de explicar os processos de aprendizagem dos escolares de L2, propondo uma análise interativa dos aspectos envolvidos nas transferências de L1 e L2, como consciência fonológica, consciência morfológica, processamento ortográfico, vocabulário e estratégias de compreensão de leitura. Para os autores, a transferência entre idiomas é influenciada por uma série de fatores cognitivos e linguísticos, como proficiência L1-L2 e complexidade da linguagem. Ao mesmo tempo, é limitado por fatores sociolinguísticos e socioculturais, como idade de aquisição, ambientes educacionais e grau de exposição a L1 e L2.

ORTOGRAFIA BILÍNGUE

Pode ser difícil, para alguns escolares, compreender como as palavras devem ser grafadas corretamente, como revelam as alterações ortográficas presentes em suas produções escritas durante o processo de desenvolvimento e consolidação da língua. Tal fato tem merecido a atenção de pesquisadores, gerando estudos sobre a aprendizagem da ortografia em diferentes línguas (Galuschka *et al.*, 2014; Mcarthur *et al.*, 2015).

Os aspectos fonológicos e ortográficos de determinada língua podem levar os escolares a cometerem vários tipos de erros ao escrever as palavras (Cidrim; Madeiro, 2017). Os desvios podem ser influenciados por características intrínsecas da própria linguagem escrita, as quais demandam diferentes habilidades ou conhecimentos por parte do aprendiz (Ávila; Carvalho; Kida, 2015).

Diferentes estruturas de linguagem produzem diferentes tipos de erros e nas línguas que possuem uma ortografia mais transparente há uma ocorrência menor de erros. Na Ortografia do inglês, por exemplo, fatores como frequência e tamanho das palavras, assim como os modos de combinação das letras, podem ser apontados como aspectos associados às dificuldades na soletração e na leitura (Seymour; Aro; Erskine, 2013).

Escrever de acordo com a norma consiste em compreender o princípio alfabético da língua e as convenções da escrita ortográfica. Nos primeiros estágios da aprendizagem da Ortografia, a criança precisa entender que é possível analisar os sons de uma palavra e escrever os sons utilizando um conjunto de letras (Zorzi, 2003). A compreensão do princípio alfabético, por sua vez, necessita de três fatores facilitadores: 1) a capacidade de segmentar a língua falada em unidades distintas; 2) a consciência de que essas unidades se repetem em diferentes palavras faladas e 3) o conhecimento das regras de correspondência entre grafemas e fonemas (Guimarães, 2003). A criança necessita, então, integrar diversos saberes, habilidades e estratégias para poder escrever convencionalmente (Correa; Dockrell, 2007).

A habilidade para lidar com as palavras no sentido de segmentá-las em sílabas e fonemas, habilidade metafonológica, tem sido apontada como um aspecto crucial para se compreender a aquisição da leitura e da escrita, bem como suas dificuldades. Entretanto, a capacidade de segmentar as palavras em fonemas parece não ser a única competência metalinguística necessária para o aprendizado ortográfico (Dias; Ávila, 2008). Apesar de a associação fonema-grafema representar um papel central no início da aprendizagem da Ortografia, desde o início as crianças também se utilizam do conhecimento morfológico e da informação sobre as sequências das letras que são possíveis de ocorrer na palavra escrita (Treiman; Cassar, 1996).

Para dominar o código gráfico também é necessário dominar outras regras da Ortografia, não somente a que contempla a correspondência direta entre fonemas e grafemas (Dias; Ávila, 2008). Até que esse domínio seja alcançado, as crianças apresentam erros de diferentes naturezas e com diferentes frequências até chegarem ao ponto de escreverem corretamente. Na Ortografia, os escolares aprendem a associar conhecimentos sobre o alfabeto, a fonologia e a morfologia de sua língua.

Fatores como os processamentos da informação fonológica seriam, portanto, considerados fundamentais nos momentos iniciais do aprendizado (Paolucci; Ávila, 2009). Com o aprendizado contínuo, a criança alcança a etapa ortográfica durante a qual o reconhecimento e leitura das palavras ocorre por via direta de acesso lexical a partir de certas características gráficas da palavra, armazenadas ortograficamente (Meireles; Correa, 2005). Para a escrita, o 'banco' de memória ortográfica é ativado no sentido da obtenção da escrita correta da palavra. Indivíduos sem dificuldades podem usar de maneira equilibrada dos processos lexicais e fonológicos durante a leitura e a escrita (Pinheiro, 2011).

Apel (2010) utiliza o termo MGRs (*Mental Graphemic Representations*) para se referir ao armazenamento mental da escrita específica das palavras ou parte das palavras. Esse termo é semelhante ao utilizado para se referir ao armazenamento dos aspectos da palavra falada: representação fonológica (Foy; Mann, 2009). Assim como a representação fonológica contém a sequência específica de fonemas que representa a palavra falada, MGRs contém a sequência específica de grafemas que representam a palavra escrita. Portanto, o conhecimento grafêmico mental é um dos aspectos do repertório ortográfico.

O fato de indivíduos bilíngues terem que coordenar dois sistemas linguísticos implica vantagens e desvantagens (Ardila, 2012). Algumas das vantagens são aumento na flexibilidade mental; maior desenvolvimento das funções cognitivas relacionadas à atenção e inibição; utilização de um maior número de estratégias cognitivas para a solução de problemas; melhor desempenho da consciência metalinguística e uma melhor capacidade de comunicação (Bialystok; Viswanathan, 2009; Hilchey; Klein, 2011; Bialystok; Barac, 2012). Por outro lado, algumas das desvantagens são a interferência entre os dois sistemas fonológico, lexical e gramatical e um possível impacto no desempenho do vocabulário em ambas as línguas.

Hickmann, Guimarães e Hickmann (2017) realizaram uma revisão de literatura sobre as habilidades metacognitivas e suas contribuições para o desenvolvimento da linguagem escrita por escolares bilíngues. Nos resultados é sugerido que os escolares bilíngues apresentam ganhos em relação às funções superiores, como: atenção, memória e linguagem oral. Identificou-se que o desenvolvimento propiciado pela aprendizagem de uma segunda língua deve-se justamente às atividades reflexivas promovidas pelo processo de ensino-aprendizagem de habilidades metalinguísticas que possibilitam a progressiva tomada de consciência de aspectos relativos à pragmática, fonologia, morfologia, sintaxe e semântica da linguagem.

Linan-Thompson e Degollado (2017) investigaram escolares espanhóis em um programa de educação bilíngue para compreender o processo de aprendizagem ortográfica na fase inicial de alfabetização. Observou-se que à medida que a fluência na ortografia do inglês aumenta, os erros influenciados pelo espanhol diminuem. Para os autores, os erros ortográficos não são resultados de interferência, e sim, parte do processo de desenvolvimento da aprendizagem do inglês que pode ser trabalhado por meio de instruções individualizadas e/ou em grupo.

Mais recentemente, Guimarães e Parkins (2019) investigaram os efeitos do bilinguismo nas estratégias ortográficas de crianças falantes do português-inglês. Tanto para monolíngues quanto para bilíngues, o conhecimento das letras, a consciência fonológica e o conceito de palavra foram considerados preditores significativos para o desenvolvimento da escrita. O raciocínio não verbal desempenhou um papel importante para explicar a variação ortográfica em bilíngues, sugerindo que aprender a soletrar em duas línguas alfabéticas exige mais das habilidades de processamento não verbal. As análises dos erros ortográficos revelaram ainda que escolares bilíngues, quando comparados a escolares monolíngues, apresentam maior dependência de estratégias fonológicas, menos domínio das regras ortográficas do inglês e, ocasionalmente, transferência do português para escrever em inglês.

Fazio *et al.* (2020) examinaram os mecanismos neuropsicológicos subjacentes ao aprendizado do inglês em escolares italianos com dificuldades de leitura e desenvolvimento típico. Foram aplicadas tarefas de habilidade fonológica e de memória para compreender a função dessas variáveis na aprendizagem do inglês (L2). Nos resultados é sugerido que a memória influencia a escrita ortográfica em inglês e, juntamente com as habilidades fonológicas, desempenha um papel importante na precisão da leitura.

CONSIDERAÇÕES FINAIS

A influência que ambas as línguas têm no desenvolvimento ortográfico bilíngue e como as informações entre línguas influenciam as estratégias ortográficas parece ser um tema de interesse crescente por pesquisadores na área do Bilinguismo e Ortografia. De fato, aprender dois sistemas ortográficos exigirá mais estratégias por parte dos escolares no sentido do reconhecimento dos padrões gráficos em ambas as línguas. As diferenças e semelhanças podem ser internalizadas por meio de experiências em que os escolares sejam incentivados a desenvolver e testar suas próprias hipóteses sobre a Ortografia de cada idioma.

REFERÊNCIAS

ABBOTT, R.; BERNINGER, V. Structural equation modeling of relationships among developmental skills and writing skills in primary and intermediate grade writers. **Journal of Educational Psychology**, v. 85, n. 3, p. 478-508, 1993.

APEL, K. Kindergarten children's initial spoken and written word learning in a storybook context. **Scientific Studies in Reading**, v. 14, n. 5, p. 440-463, 2010.

APEL, K. Whai is orthographic knowledge?. **Language, Speech and Hearing Services in Schools**, v. 42, n. 1, p. 592-603, 2011.

APEL, K.; SWANK, L. Second chances: Improving decoding skills in older students. **Language, Speech, and Hearing Services in Schools**, v. 30, p. 231–242, 1999.

APEL, K.; HENBEST, V.; MASTERSON, J. Orthographic knowledge: Clarifications, challenges, and future directions. **Reading and Writing: An Interdisciplinary Journal**, v. 32, n. 4, p. 873-889, 2019.

ARAB-MOGHADDAM, N.; SENECHAL, M. Orthographic and phonological processing skills in reading and spelling in Persian/English bilinguals. **International Journal of Behavioural Development**, v. 25, n. 2, p. 140-147, 2001.

ARDILA, A. Advantages and disadvantages of bilingualism. **Forma y Función**, v. 25, n. 3, p. 99-114, 2012.

ÁVILA, C.; CARVALHO, C; KIDA, A. Estimulação da consciência fonológica na prática educacional e na clínica fonoaudiológica. *In:* MOUSINHO, A.; CAPELLINI, S. A. (eds.). **Dislexia, Novos Temas, Novas Perspectivas**. São Paulo: Wak editora, 2015. cap. 5. v. 3.

BIALYSTOK, E.; BARAC, R. Emerging bilingualism: Dissociating advantages for metalinguistic awareness and executive control. **Cognition**, v. 122, n. 5, p. 67-73, 2012.

BIALYSTOK, E.; VISWANATHAN, M. Components of executive control with advantages for bilingual children in two cultures. **Cognition**, v. 112, n. 3, p. 494-500, 2009.

BRITTO, D.; CASTRO, C.; GOUVÊA, F.; SILVEIRA, O. A importância da consciência fonológica no processo de aquisição e desenvolvimento da linguagem escrita. **Revista da Sociedade Brasileira de Fonoaudiologia**, v. 11, n. 3, p. 142-150, 2006.

CHUNG, S.; CHEN, X.; GEVA, E. Deconstructing and reconstructing cross-language transfer in bilingual reading development: An interactive framework. **Journal of Neurolinguistics**, v. 50, n. 1, p. 149-161, 2019.

CIDRIM, L.; MADEIRO, F. Estudos sobre ortografia no âmbito da dislexia: revisão de literatura. **Revista CEFAC**, v. 19, n. 6, 842-854, 2017.

COMMISSAIRE, E.; PASQUARELLA, A.; CHEN, X.; DEACON, S. The development of orthographic processing skills in children in early French immersion programs. **Written Language & Literacy**, v. 17, n. 1, p. 16-39, 2014.

CONRAD, N. From reading to spelling and spelling to reading: transfer goes both ways. **Journal of Educational Psychology**, v. 100, n. 1, p. 869-878, 2008.

CONRAD, N.; HARRIS, N.; WILLIAMS, J. Individual diferences in children's literacy developmental: the contribuition of orthographic knowledge. **Reading and Writing**, v. 26, n. 8, p. 1223-1239, 2013.

CORREA, J.; DOCKRELL, J. Unconventional word segmentation in Brazilian children's early text production. **Reading and Writing**, v. 20, n. 8, p. 815-831, 2007.

CUMMINS, J. Linguistic interdependence and the educational development of bilingual children. **Review of Educational Research**, v. 49, p. 222–251, 1979.

CUMMINS, J. The role of primary language development in promoting educational success for language minority students. *In:* CALIFORNIA STATE DEPARTMENT OF EDUCATION (ed.). **Schooling and language minority students**: atheoretical framework. Los Angeles: National Dissemination and Assessment Center, 1981. p. 3-49.

CUNNINGHAM, A. Accounting for children's orthographic learning while reading text: Do children self-teach? **Journal of Experimental Child Psychology**, v. 95, n. 2, p. 56-77, 2006.

CORREA, J.; DOCKRELL, J. Unconventional word segmentation in Brazilian children's early text production. **Reading and Writing**, v. 20, n. 8, p. 815-83, 2007.

DEACON, H.; CHEN, X.; LUO. Y.; RAMIREZ, G. Beyond language borders: orthographic processing and word reading in Spanish-English bilinguals. **Journal of Research in Reading**, v. 36, n. 1, p. 58-74, 2013.

DEFIOR, S.; MARTOS, F.; CARY, L. Differences in reading acquisition development in two shallow orthographies that differ in their degree of orthographic consistency: Portuguese and Spanish. **Applied Linguistics**, v. 23, n. 1, p. 135-148, 2002.

DIAS, R.; ÁVILA, C. Uso e conhecimento ortográfico no transtorno específico de leitura. **Revista da Sociedade Brasileira de Fonoaudiologia**, v. 13, n. 4, p. 381-90, 2008.

DIXON, Q.; ZHAO, J.; JOSHI, M. Influence of L1 Orthography on Spelling English Words by Bilingual Children: A Natural Experiment Comparing Syllabic, Phonological, and Morphosyllabic First Languages. **Learning Disability Quarterly**, v. 33, n. 3, p. 211-221, 2010.

EHRI, L. The development of orthographic images. *In:* FRITH, U. (ed.). **Cognitive processes in spelling**. London: Academic Press, 1980. p. 311-338.

FAZIO, D.; FERRARI, L.; TESTA, S.; TAMBURRELLI, F.; MARRA, M.; BIANCARDI, M.; PALLADINO, P.; MARZOCCHI, G. Second-language learning difficulties in Italian children with reading difficulties. **British Journal of Educational Psychology**, p. 1-15, 2020.

FOY, J.; MANN, V. Effects of onset density in preschool children: Implications for development of phonological awareness and phonological representation. **Applied Psycholinguistics**, v. 30, n. 2, p. 339-361, 2009.

GALUSCHKA, K.; ISE, E.; KRICK, K.; SCHULTE-KORNE, G. Effectiveness of treatment approaches for children and adolescents with reading disabilities: a meta-analysis of randomized controlled trials. **PLOS ONE**, v. 9, n. 2, 2014.

GENESEE, F.; GEVA, E.; DRESSLER, C.; KAMIL, M. Synthesis: Cross-Linguistic Relationships in working memory, phonological processes, and oral language. *In:* D. AUGUST, D.; SHANAHAN, T. (eds.). **Developing literacy in second-language learners**: A report of the national literacy Panel on language-minority children and youth. Mahwah: Erlbaum, 2006. p. 153-174.

GEVA, E.; RYAN, E. Linguistic and cognitive correlates of academic skills in first and second language. **Language Learning**, v. 43, n. 1, p. 5-42, 1993.

GEVA, E.; WADE-WOOLLEY, L.; SHANY, M. Development of reading efficiency in first and second language. **Scientific Studies of Reading**, v. 1, n. 2, p. 119-144, 1997.

GROSJEAN, F. Another view of bilingualism. **Advances in Psychology**, v. 83, n. 1, p. 51-62, 1992.

GUIMARÃES, S. O aperfeiçoamento da concepção alfabética de escrita: relação entre consciência fonológica e representações ortográficas. *In:* MALUF, M. R. (ed.). **Metalinguagem e Aquisição da Escrita**. São Paulo: Casa do Psicólogo, 2003.

GUIMARAES, S.; PARKINS, E. Young Bilingual Children's Spelling Strategies: A Comparative Study of 6- to 7-Year-Old Bilinguals and Monolinguals. **International Journal of Educational Psychology**, v. 8, n. 3, p. 216-245, 2019.

HILCHEY, M. D.; KLEIN, R. M. Are there bilingual advantages on nonlinguistic interference tasks? Implications for the plasticity of executive control processes. **Psychonomic Bulletin & Review**, v. 18, n. 4, p. 625-658, 2011.

HICKMANN, G.; GUIMARÃES, S.; HICKMANN, A. Aprendizado bilíngue e linguagem escrita: desenvolvimento de habilidades metalinguísticas. **Caderno de Pesquisas**, v. 24, n. 2, p. 156-169, 2017.

JARED, D.; CORMIER, P.; LEVY, B.; WADE-WOOLLEY, L. Discrimination of English and French orthographic patterns by biliterate children. **Journal of Experimental Child Psychology**, v. 114, p. 469-488, 2013.

JOY, R. The concurrent development of spelling skills in two languages. **International Electronic Journal of Elementary Education**, v. 3, n. 2, p. 105-121, 2011.

KAY-RAINING BIRD, E.; GENESEE B.; VERHOEVEN, L. Bilingualism in children with developmental disorders: A narrative review. **Journal of Communication Disorders**, v. 63, n. 1, p. 1-14, 2016.

KODA, K. Impacts of prior literacy experience on second-language learning to read. *In:* KODA, K.; ZEHLER, A. M. (eds.). **Learning to read across languages**: Cross-linguistic relationships in first- and second-language literacy development. Mahwah, NJ: Routledge, 2008. p. 68-96.

KREPEL, A.; BREE, E.; JONG, P. Does the availability of orthography support L2 word learning? **Reading and Writing**, v. 30, n. 1, p. 1-23, 2020.

LADO, R. **Linguistics across cultures**: Applied linguistics for language teachers. Ann Arbor: University of Michigan Press, 1957.

LADO, R. **Language teaching**: A scientific approach. New York: McGraw-Hill, 1964.

LINAN-THOMPSON, S.; DEGOLLADO, E. Spelling it out, one por uno: patterns of emergent bilinguals in a dual language classroom. **TESOL Journal**, v. 9, n. 2, p. 330-347, 2017.

LIPKAI, O.; SIEGEL, L. The improvement of reading skills of L1 and ESL children using a Response to Intervention (RTI) Model. **Psicothema**, v. 22, n. 2, p. 963-969, 2010.

MAYER, P., CROWLEY, K.; KAMINSKA, Z. Reading and spelling processes in Welsh-English bilinguals: Differential effects of concurrent vocalisation tasks. **Reading and Writing**, v. 20, n. 7, p. 671-690, 2007.

MCARTHUR, G.; KOHNEN, S.; JONES, K.; EVE, P.; BANALES, E.; LARSEN, L.; CASTLES, A. Replicability of sight word training and phonics training in poor readers: A randomized controlled trial. **PeerJ**, v. 3, n. 2, p. 2-21, 2015.

MEIRELES, E.; CORREA, J. Regras contextuais e morfossintáticas na aquisição da ortografia da língua portuguesa por criança. **Psicologia: Teoria e Pesquisa**, v. 21, n. 1, p. 77-84, 2005.

MISHRA, R.; SINGH, N. Language non-selective activation of orthography during word processing in Hindi-English sequential bilinguals: an eye tracking visual word study. **Reading and Writing**, v. 27, n. 1, p. 129-151, 2014.

NATION, K.; COCKSEY, J. Beginning readers activate semantics from sub-word orthography. **Cognition**, v. 110, n. 3, p. 273-278, 2009.

OUELLETTE, G.; SENECHAL, M. Pathways to literacy: a study of invented spelling and its role in learning to read. **Child Development**, v. 79, n. 4, p. 899-913, 2008.

PAOLUCCI, J.; ÁVILA, C. Competência ortográfica e metafonológica: influência e correlações na leitura e escrita de escolares da 4ª. série. **Revista da Sociedade Brasileira de Fonoaudiologia**, v. 14, n. 1, p. 48-55, 2009.

PAPADOPOULOS, T.; GEORGIOU, G.; KENDEOU, P. Investigating the double-deficit hypothesis in Greek: Findings from a longitudinal study. **Journal of Learning Disabilities**, v. 42, n. 1, p. 528-547, 2009.

PARADIS, J.; GENESEE, F.; CRAGO, M. **Dual language development & disorders**: a handbook on bilingualism & second language learning. Baltimore: Paul H. Brooks, 2011.

PINHEIRO, A. Transparência ortográfica e o efeito de retroalimentação fonológico grafêmica: implicações para a construção de provas de reconhecimentos de palavras. *In:* ALVES, M.; CAPELLINI, S. A. (eds.). **Dislexia, Novos Temas, Novas Perspectivas**. Rio de Janeiro: Wak editora, 2011.

RICKETTS, J.; NATION, K.; BISHOP, D. Investigating orthographic and semantic aspects of word learning in poor comprehenders. **Journal of Research in Reading**, v. 31, n. 2, p. 117-135, 2008.

ROBERTSON, D. Variability in the use of the English article system by Chinese learners of English. **Second Language Research**, v. 16, p. 135-172, 2000.

ROSENTHAL, J.; EHRI, L. The mnemonic value of orthography for vocabulary learning. **Journal of Educational Psychology**, v. 100, n. 2, p. 175-191, 2008.

SEYMOUR, P.; ARO, M.; ERSKINE, J. Foundation literacy acquisition in European orthographies. **British Journal of Psychology**, v. 94, n. 2, p. 143-174, 2013.

SHARE, D. On the anglocentricities of current reading research and practice: The perils of overreliance on an "outlier" orthography. **Psychological Bulletin**, v. 134, n. 2, p. 584-615, 2008.

STANOVICH, K.; WEST, R. Exposure to print and orthographic processing. **Reading Research Quartely**, v. 24, n. 40, p. 402-433, 1989.

SUN-APERIN, K.; WANG, M. Cross-language transfer of phonological and orthographic processing skills from Spanish L1 to English L2. **Reading and Writing**, v. 24, n. 5, p. 591-614, 2011.

TREIMAN, R. **Beginning to spell**. New York: Oxford University Press, 1993.

TREIMAN, R.; CASSAR, M. The beginnings of orthographic knowledge: Children's knowledge of double letters in words. **Journal of Educational Psychology**, v. 89, n. 4, p. 631-644, 1996.

VALE, A. Orthographic context sensitivity in vowel decoding by Portuguese monolingual and Portuguese-English bilingual children. **Journal of Research in Reading**, v. 34, n. 1, p. 43-58, 2011.

ZDORENKO, T.; PARADIS, J. The acquisition of articles in child L2 English: Fluctuation, transfer, or both? **Second Language Research**, v. 24, n. 2, p. 227-250, 2008.

ZORZI, J. **Aprendizagem e distúrbio da linguagem escrita**: questões clínicas e educacionais. Porto Alegre: Artmed, 2003.

YEONG, S.; FLETCHER, J.; BAYLISS, D. Importance of phonological and orthographic skills for English reading and spelling: a comparison of English monolingual and Mandarin-English bilingual children. **Journal of Educational Psychology**, v. 106, n. 4, p. 1107-1121, 2014.

COMO O PROFESSOR PODE ESTIMULAR A AUTOCORREÇÃO DA ORTOGRAFIA EM SALA DE AULA

Flávia Benevides Foz

Márcia Oliveira Soligo

Esta proposta pretende descrever práticas que o professor possa desenvolver com alunos disortográficos, ou com aqueles sem essas dificuldades. Sugere estratégias para o dia a dia da sala de aula, as quais permitam que todos os alunos percebam, reflitam e aprendam a escrita ortograficamente correta de forma explícita e consciente, ao mesmo tempo, em que promovam a autorregulação e a capacidade de autocorreção.

INTRODUÇÃO

A aquisição da linguagem escrita é um processo complexo. Envolve a exposição ao ensino formal e ocorre ao longo de anos de escolaridade. Considerando especificamente o aspecto ortográfico, sua apropriação é gradativa, contínua e seu desenvolvimento respeita as características da língua (Foz; Soligo, 2018). O português é uma língua de base alfabética, composta por regularidades e irregularidades. Sendo assim, um ensino que promova a reflexão sobre o conteúdo a ser assimilado deve ser priorizado no contexto escolar. Erros ou hipóteses acerca da escrita correta das palavras faz parte do processo normal de aquisição ortográfica do escolar. A classificação dos erros ortográficos fornece pistas com relação às possíveis defasagens, permite que o professor identifique o nível ortográfico do aluno e possibilita ao educador a escolha de estratégias adequadas (Sampaio *et al.*, 2013).

A superação gradativa das dificuldades ilustra que, durante o aprendizado, o indivíduo constrói seu conhecimento refletindo sobre o próprio erro, escolhendo estratégias mais efetivas para organização, integração e processamento da informação. Não há aprendizagem isenta de erros (Moojen, 2009). A ortografia deve ser vista como conflito a ser superado, ao longo dos anos.

O escritor competente tem que ter boa habilidade sublexical, ou seja, habilidade para prever diferentes possibilidades de escrita ortograficamente correta para palavras menos familiares (Ellis, 1995). Ao escrever palavras de baixa frequência, buscam-se pistas fonológicas, morfossintáticas e, ainda, etimológicas (Rego; Buarque, 1999; Zanella, 2007 *apud* Zorzi, 2008). Cabe ao educador, como reforçado por Salema (1997), favorecer que o aluno verbalize as dificuldades, fale de suas hipóteses, compare-as com outras. E, ainda, que avalie o seu desempenho, reconheça os processos cognitivos utilizados – metacognição - e, principalmente, compreenda a natureza do seu erro, a fim de que este possa ser construtivo (Foz; Soligo, 2018).

Quando pensamos em autocorreção, precisamos estar cientes de que corrigir algo está implícito em ter convicções, conhecer o que é correto para, então, repensar as atitudes e corrigi-las. Sendo assim, a autocorreção da ortografia perpassa por conhecê-la. Só corrijo o que reconheço como errado.

O QUE O PROFESSOR PRECISA SABER SOBRE O PROCESSAMENTO ORTOGRÁFICO?

- Conhecer o processo de aquisição;
- Reconhecer que o processo é lento e gradual;
- Reconhecer que o que respeita as propriedades da língua: suas regularidades e irregularidades;
- Conhecer as tipologias dos erros ortográficos.

Com esses conhecimentos, o professor poderá auxiliar no processo da aquisição ortográfica, não só junto àqueles que apresentarem transtorno específico de precisão ortográfica – Disortografia –, mas de toda a sua classe.

COMO CONHECER O NÍVEL ORTOGRÁFICO DE SEUS ALUNOS?

Para conhecer o nível ortográfico do grupo e, ainda, identificar dificuldades individuais mais profundas, é importante iniciar com um rastreio de escrita. Para isso, são indicados ditados balanceados que contemplem as regularidades e as irregularidades da língua e que apresentem os parâmetros esperados para cada ano escolar. Esse mesmo ditado pode e deve ser utilizado em outros momentos - a cada trimestre, por exemplo, - como forma de monitoramento dos avanços da turma e da eficácia do planejamento.

A análise dos erros apresentados pelos alunos é imprescindível para o entendimento dos processos linguísticos subjacentes e o planejamento de estratégias de ensino e/ou intervenção (Sampaio *et al.*, 2013). Dessa forma, é possível estruturar um plano de trabalho explícito, sistemático e cumulativo, dentro da perspectiva proposta pelo material didático adotado e que seja coerente com as expectativas de aprendizagem do ano escolar, respeitando o processo de aquisição e de desenvolvimento.

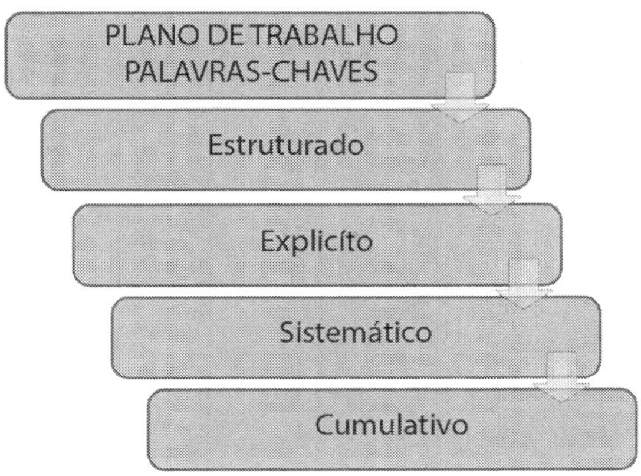

Figura 1 – Plano de trabalho

Fonte: Elaborado pelas autoras.

COMO APLICAR ESSE CONHECIMENTO NO AMBIENTE EDUCACIONAL?

É importante que o aluno participe ativamente do processo, resolvendo problemas de forma mais explícita, interagindo com o meio e trabalhando com a meta-aprendizagem (Foz; Soligo, 2018; Foz, 2009; Foz, 2006; Figueiredo, 2005). Assim, ele compreende que as dificuldades e os erros são oportunidades de aprendizagem.

As normas ortográficas não são adquiridas espontaneamente e devem ser tratadas como objeto de reflexão; portanto, precisam ser explicitadas (Morais,1998, 2009). É importante que o aprendiz perceba as sutilezas da língua escrita, de forma consciente, e que antecipe o "risco" de dificuldade. Dessa forma, é necessário compartilhar com os alunos os possíveis "riscos" para a identificação das possibilidades dos erros. Nessa perspectiva, é proposto um trabalho, mediado pelo professor, de reconhecimento dos riscos e da classificação dos erros ortográficos, possibilitando que o aluno reflita sobre a notação gráfica, promovendo a autocorreção e, ao longo do processo, o uso eficiente da autorregulação. A autorregulação - capacidade de o indivíduo controlar e regular o próprio comportamento (Dias; Seabra, 2013) - leva à melhora na capacidade de aprender, uma vez que permite que o aprendiz selecione as estratégias e assuma papel ativo em seu aprendizado.

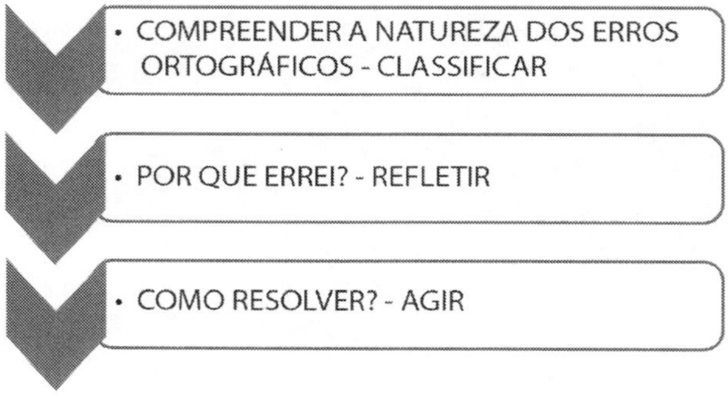

Figura 2 – Autorregulação

Fonte: Elaborado pelas autoras.

Como apontado anteriormente, a autorregulação tem que ser construída. Para tanto, há necessidade de que, em diferentes momentos, o aluno seja incitado a refletir sobre a natureza dos seus erros, para que seja possível que construa bases sólidas de análise da Ortografia.

A análise dos erros permite a classificação em três grandes grupos, conforme proposto por Cervera-Mérida e Ygual-Fernandes (2006), dirigindo a elaboração da proposta de intervenção e facilitando-a. (Sampaio *et al.*, 2013; Batista *et al.*, 2014). A seguir:

- Erros relacionados à Ortografia Natural;
- Erros relacionados à Ortografia Arbitrária – dependentes de regras;
- Erros relacionados à Ortografia Arbitrária – independentes de regras.

A fim de facilitar a compreensão das possibilidades de classificação, optou-se por uma associação icônica, que tem como base a análise de Zorzi (1998), adaptada por Foz (2006, 2009), propondo um detalhamento das tipologias dos erros, descrita a seguir:

	**Múltiplas Representações:** correspondem às várias representações gráficas de um mesmo fonema. Som igual (fonema) e letra diferente (grafema). Importante reconhecer o risco e as possibilidades. Pista principal: memória visual ortográfica. **Som Igual e Letra Diferente** Exemplos: ss =ç / x=ch /_s_= _z_/ _s = _z ge = je / gi = ji / _u = _l / h inicial / letra X ▸ Envolve a ortografia arbitrária independente de regras.
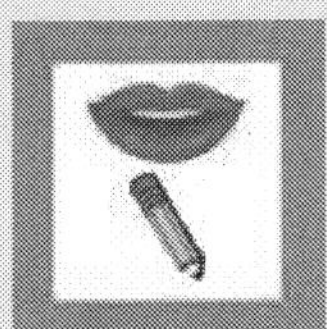	**Apoio da Oralidade:** utilizado o padrão de fala no registro da palavra escrita. Falo de um jeito, mas escrevo de outro. Pista principal: oralidade associada à memória ortográfica e informação morfossintática. **Falo de um jeito, mas escrevo de outro.** Exemplos: i/e falo leiti e escrevo leite u/o pontu/ponto, era/eira cadera/cadeira, consoantes mudas obijetivo/objetivo ▸ Envolve a ortografia arbitrária dependente de regras morfossintáticas (exemplo: senti/sente), da tonicidade das palavras e também a independente de regras (isqueiro/esquerda).
	**Regra Contextual:** representações gráficas de um mesmo fonema, com a possibilidade de explicitação da regra, de acordo com o contexto inserido. A regra deve ser respeitada. Pista principal: identificação e explicitação das regras. **Regras Ortográficas** Exemplos: ce/que ci/qui, ge/gue gi/gui - mp mb - rXrr - sXss __ç/ ça ço çu/ ce ci ▸ Envolve a ortografia arbitrária dependente de regras simples.

	**Sons Parecidos:** trocas pelo traço de sonoridade, ou outra aproximação, por semelhança auditiva em traços distintivos. Atenção ao som. Pista principal: percepção e discriminação auditiva dos fonemas associados aos respectivos grafemas. Princípio fonológico ou pistas fonológicas. Exemplos: p/b – f/v – t/d – ch x/j ge gi – c-k-q/g – todas as letras som do S/todas as letras som do Z Outros sons parecidos como: s/ch-x, z/j-ge gi, r/l. ▸ Alguns pares envolvem a ortografia natural - p/b – f/v – t/d. Outros grafemas envolvem a ortografia arbitrária, quando se analisam os fonemas com múltiplas representações (ss=ç, x=ch, je ji=ge gi), porém aqui, o foco é a análise dos traços distintivos e não entre os sons iguais – caça/casa, chato/jato, chip/jipe.
	**Atenção:** falhas atencionais e/ou de autorregulação. Pista principal: valorização da escrita correta e autorregulação. **Mantenha o foco.**
	**Acentuação**: uso de acentos e sinais diacríticos: ´ / ` / ^ / ~ /. Pista principal: identificação e explicitação das regras de acentuação. **O acento pode mudar a palavra.** ▸ Envolve a ortografia arbitrária dependente de regras complexas.

O uso de reguladores externos, como o Marcador SOS Ortografia (Foz; Soligo, 2018), que utilizam esses símbolos/figuras associados às tipologias de erros, direcionam e facilitam a reflexão sobre a natureza dos erros, a análise das possibilidades de representação ortograficamente corretas e posterior autocorreção.

Se, ao invés de apontar o erro, o professor levar o aluno a desenvolver uma análise crítica, julgando qual seria "a" ou "as" possibilidades ortográficas naquele contexto, promoverá o desenvolvimento da escrita ortograficamente correta. O aluno, instigado a pensar sobre as possibilidades, estará construindo hipóteses que poderá utilizar em outras situações semelhantes.

QUAL O CAMINHO DA CORREÇÃO MEDIADA ATÉ A AUTOCORREÇÃO?

Posto que a autocorreção é o final de um processo que pressupõe autonomia, é de responsabilidade do professor subsidiar tal construção, promovendo, como já descrito, uma proposta estruturada, sistemática, explícita, contínua, que auxilie os alunos a reconhecerem os desafios ortográficos – classificar, refletir e agir – que irão permear as atividades propostas.

As análises da escrita, ou mesmo as correções, devem ser realizadas em contexto, num primeiro momento, de forma simultânea à escrita, com o professor desempenhando o papel do heterorregulador (1), explicitando a forma de pensar, e desenvolvendo os conhecimentos específicos. A dúvida deve ser compartilhada e a busca das soluções explicitadas, caso a caso. O aluno é levado a refletir sobre as possibilidades de classificação das tipologias dos erros ortográficos. Nesse processo, o erro é construtivo e estimula a escrita ortograficamente correta. Gradativamente, substitui-se a fala explícita por marcadores externos (2 e 3). A intenção é que, no decorrer desse processo, o aluno ganhe autonomia para buscar as soluções, as dúvidas diminuam e, consequentemente, os erros também, além da antecipação dos possíveis erros e o desenvolvimento da habilidade da autocorreção (4).

Importante destacar que a revisão deve ser proposta em diferentes momentos, no dia a dia das atividades escolares. Pode-se trabalhar, antecipando a análise ou a correção, e dirigindo a atenção para um ou mais aspectos. A revisão pode ser feita de forma simultânea à escrita e, também, solicitando-se a revisão posterior.

Etapa 1 – Heterorregulação: o educador propõe atividades que propiciem o aparecimento de dúvidas ortográficas, as quais levem o aprendiz à conscientização dos "riscos" de erro na escrita.

Etapa 2 – Utilização de marcador externo – O educador deve promover a reflexão, utilizando marcadores externos como, por exemplo, o "Marcador Ortográfico SOS Dislexia (Foz, 2015)". Promovem-se atividades que possam ser utilizados com apoio do professor e dirigido por ele; depois, nas etapas seguintes, com autonomia – autorregulação com o apoio desse mediador externo. Nessa fase, deve ser introduzido o trabalho específico com determinada dificuldade ortográfica, de acordo com o planejamento da intervenção para o indivíduo ou o grupo.

Etapa 3 – Análise dos próprios erros: o terapeuta/educador deve colher material de escrita espontânea, ou dirigida, e promover a reflexão dos erros cometidos. É importante que o aprendiz também faça o julgamento sobre o grau de dificuldade de escrever determinada palavra, de acordo com o seu próprio conhecimento. Essa análise permitirá a reflexão e a conscientização das vulnerabilidades ortográficas persistentes, promovendo oportunidades para o desenvolvimento de competências de autorregulação e favorecendo a escrita ortograficamente correta.

Etapa 4 – Autorregulação: Uma vez desenvolvida a capacidade de pensar sobre a escrita ortograficamente correta – metacognição –, estimulada desde o início da proposta, os alunos serão capazes de se autorregular.

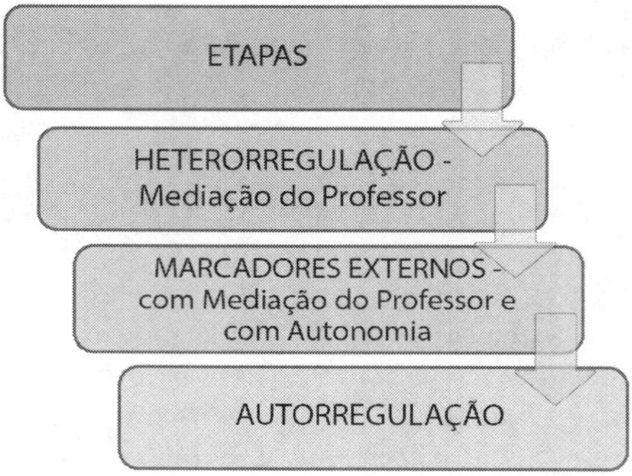

Figura 3 – Correção mediada

Fonte: Elaborado pelas autoras.

A mediação, por parte do professor, inicia-se de forma pontual, indicando a letra que deve ser corrigida de acordo com a tipologia do erro. Gradativamente, deve ir ampliando o alvo da revisão da letra para a palavra, da palavra para a frase, desta para um trecho maior, como sugerido no passo a passo a seguir.

CORREÇÃO DIRIGIDA

- Dar "pistas" sobre a escrita, promovendo a construção e as desconstruções das hipóteses.
- Explicitar sempre.

1. **AQUI**

   Aqui, você trocou uma letra com o som parecido; veja se vibra (sonoros), ou se não vibra (surdos) - exemplo: vida/fida; gato/cato...

Aqui, faltou uma letra; descubra qual é.

Aqui, você já conhece a regra; então, o que precisa mudar?

Aqui, você escreveu como se fala; agora, pense como se escreve. O que precisa mudar?

Estou lendo (ler a palavra, exemplo caza), mas existe outra letra que você pode colocar **aqui**, que tem o mesmo som. Qual é?

Aqui, está faltando um acento. Você sabe qual é?

2. **NESTA PALAVRA**

Nesta palavra, você trocou uma letra com o som parecido; veja se vibra (sonoros), ou se não vibra (surdos) - exemplo: vida/fida; gato/cato...

Nesta palavra, faltou uma letra; descubra qual é.

Nesta palavra, você já conhece a regra; então o que precisa mudar?

Esta palavra, você escreveu como se fala; agora, pense como se escreve. O que precisa mudar?

Estou lendo (ler a palavra, exemplo caza), mas existe outra letra que você pode colocar **nesta palavra**, que tem o mesmo som. Qual é?

Nesta palavra, está faltando acento. Você sabe onde? Qual é?

3. **NESTA LINHA**

Nesta linha, existe uma palavra na qual precisa ser aplicada uma regra que você já conhece.

Nesta linha, existem duas palavras a serem corrigidas. Descubra quais são.

4. **NESTE PARÁGRAFO depois NESTE TEXTO**

Neste texto, você precisa rever 5 palavras: uma regra, duas de som igual, mas letra diferente e dois acentos.

Releia seu texto, com atenção, e descubra as cinco palavras que precisam ser corrigidas.

Importante ressaltar que, devido às diferenças na natureza do erro, em algumas situações será necessário recuar no passo a passo, para retomada de alguma reflexão mais específica.

DESCOBERTA DA TIPOLOGIA DOS ERROS

1. ESCRITA COMPARTILHADA

1.a) Uma forma que tem se mostrado eficiente para levar os aprendizes a reconhecer e ou compreender a classificação proposta é a escrita dirigida compartilhada, direcionada para cada uma das classificações.

O professor deve propor para a classe a escrita compartilhada de uma lista de palavras regulares – representações unívocas –, de baixa frequência. Importante que a lista seja elaborada dentro da realidade de cada grupo.

Ao escrever essas palavras, os alunos devem perceber que poucas dúvidas surgem porque são "fáceis"; só existe uma maneira de serem escritas (exemplo: manada). Deve ser explicitado que esses grafemas são regulares, ou seja, um som/fonema representado por apenas uma letra/grafema. Os eventuais erros nessas palavras estão relacionados com os sons parecidos e são representados pelo símbolo da orelha, porque a troca de uma das letras muda o som e o significado; por exemplo, fila/vila.

Podem ocorrer erros com ditongos e vogais átonas finais, dependendo das variações sociais e regionais. Devem ser apontados como dúvidas da categoria "falo de um jeito e escrevo de outro" – representado pela boca e lápis – madeira/madera, por exemplo.

Num segundo momento, deve-se propor uma lista na qual haja palavras com ocorrências de regras – sempre explicitando que, para cada uma das situações, há uma regra a qual define que somente uma determinada representação é ortograficamente correta. Por exemplo, para qualquer palavra que tenha o som "que" ou "qui", precisamos grafar com "qu", nunca com "c".

Aumentando gradativamente a dificuldade, a terceira lista deve contemplar palavras irregulares. Sugerimos a apresentação aos pares, para que possa haver comparação entre as possíveis notações ortográficas (coxinha e chinês, por exemplo). Novamente, deve ser explicitado que há mais de uma forma de representar alguns sons. Nos casos que estão sendo analisados, não há "explicação" ou regras que possam auxiliar a reflexão; por isso, há maior necessidade de memorização – o símbolo dos olhos remete a essa memória visual.

Apesar de as regras complexas de acentuação serem apresentadas mais tarde, após o terceiro ou o quarto ano do Ensino Fundamental, é importante os alunos perceberem que o acento pode alterar o significado das palavras, como em vovô/vovó, esta/está, e/é, por exemplo. Novamente, sugerimos a apresentação aos pares, para facilitar essa comparação. O símbolo da "carinha de chinês" é justamente formado pelos acentos (agudo, grave, circunflexo), pelo sinal diacrítico de nasalidade (til) e pelo pingo que deve estar nas letras "i" e "j". No boné, há a regra das proparoxítonas que são sempre acentuadas (circunflexo ou agudo).

1.b) O professor seleciona um banco de palavras que envolvam todos os desafios ortográficos. Propõe uma escrita compartilhada na lousa. Cada aluno sorteia uma carta, lê em voz alta, julga se é fácil, médio ou difícil de escrevê-la. Escreve na lousa, apontando onde é ou seria a dúvida. O professor e os demais alunos interagem, validando ou explicitando a dúvida. Dessa forma coletiva e compartilhada, promove-se o conhecimento, subsidiando a cultura da revisão e da autocorreção.

1.c) Estratégia similar à anterior pode ser executada, utilizando-se um banco de figuras. Essa estratégia é mais exigente, uma vez que o aluno tem que acessar o seu léxico mental, para escrever sem nenhum modelo acústico ou visual (letras).

1.d) O professor deve colher um banco de palavras que foram desviantes, por exemplo, numa situação de produção de texto da classe. Com esse banco, desenvolve uma atividade de classificação e de correção. Não é necessário apontar quem errou, e sim apresentar a oportunidade de reescrita das palavras. Todos os alunos devem participar.

2. DITADO DIRECIONADO

Ditado dirigido para uma única vulnerabilidade: o professor escolhe as palavras alvo, de acordo com o processo de aquisição e ano escolar. Antes de ditar, explicita que todas as palavras ditadas terão aquele alvo, explicando o motivo ou solicitando que um aluno explique. Dessa forma, dirige-se a atenção de todos para o foco.

Exemplos:

2.a) Vou ditar 10 palavras com a regra _RR_. Quem sabe me explicar quando uso _RR_? Retomar a fala do aluno, acrescentar, quando necessário, e escrever uma palavra na lousa como referência. Depois, compartilhar o resultado fazendo gráficos, ou estimular a competição dos acertos por fileiras ou grupos. Pode ser interessante, também, solicitar a troca de papéis e a correção ser feita pelos alunos.

2.b) Deixando mais difícil, trabalhar com a oposição, por exemplo, no caso das regras de contexto, sons parecidos e apoio da oralidade, em que a oposição pode ser feita, pois sempre há uma referência que leva à decisão. Inicialmente, pode-se dividir a folha ao meio, para que o aluno decida em qual coluna vai escrever. De um lado, palavras com _RR_ entre vogais; de outro, palavras com _R_ entre vogais (a etapa da explicitação e do modelo descrito anteriormente continua sendo importante). Gradativamente, aumentar a diversidade das palavras.

2.c) Quando a proposta for com múltiplas representações, escolher apenas um foco, por exemplo, SS. No início, não é sugerido trabalhar com uma lista de palavras envolvendo SS e Ç simultaneamente. Nesses casos, é interessante construir um banco de palavras junto com o grupo, com a ortografia alvo e fazer jogos que envolvam a memorização.

2.d) Quando o ditado envolver todos os grupos, sugere-se a classificação fácil, médio e difícil. Oferecer a folha, om as colunas impressas, ou sugerir que os alunos façam essa divisão. Destaca-se que o julgamento pode variar de aluno para aluno e a revisão com cada um é ótima oportunidade para rever o processo. Estimular esse raciocínio promove o conhecimento da língua e das estratégias dirigidas para a escolha da letra correta.

3. REGISTROS DAS DESCOBERTAS

Desde o início do ano letivo, os alunos devem ser orientados a ter um caderno, onde possam registrar todas as descobertas que farão sobre a escrita.

Esse caderno deve ser valorizado e tudo o que nele for registrado deve ser resgatado frequentemente. Os alunos devem ser incentivados a registrar e a buscar o caderno como referência para sanar futuras dúvidas. Algumas atividades específicas para consulta dessas anotações devem ser propostas, como, por exemplo, associadas a um ditado dirigido. O professor deve solicitar aos alunos que pesquisem suas anotações sobre determinada regra, antes de iniciar o ditado.

SISTEMATIZAÇÃO DO USO DA CLASSIFICAÇÃO

1. LISTAS DE JULGAMENTO NA OPOSIÇÃO

Importante ressaltar que a palavra escrita erradamente só deve ser apresentada em oposição à correta.

Dessa forma, o professor deve apresentar palavras em oposição (a correta e a errada ou a errada e a correta) e o aluno deve julgar e grifar a correta, ou utilizá-la para completar uma atividade de *cloze*. Para fazer tal análise, o aluno terá que relembrar a classificação e explicitar o porquê. Exemplo:

O sitiante colocou o milho na ____________. (carroça – caroça)
Explicação: ____

2. TEXTOS PARA CORREÇÃO

O professor propõe que os alunos façam a correção de um texto, explicitando que nele há determinado número de erros de determinada natureza.

Exemplo:

2.a) Vocês conhecem o Chico Bento? Nas histórias dele, sempre está escrito da forma como ele fala, mas nós já sabemos como devemos escrever. Às vezes, falamos de um jeito e temos que escrever de outro. Vamos mudar a fala do Chico e escrevê-la como seria o correto?

2.b) Escolhi um texto que fala sobre o planeta Terra. Aqui há "X" palavras em que a regra do m/n não foi respeitada. Vocês se lembram como é a regra? O professor deve retomar a regra e, depois, propor: "Vamos procurar as palavras escritas erradamente? Vamos escrevê-las corretamente, elaborando frases bem criativas."

3. TRANSGRESSÃO INTENCIONAL

O professor pode propor uma lista de palavras escritas ortograficamente corretas, em que seja possível identificar algumas das dúvidas já trabalhadas e solicitar que os alunos modifiquem a palavra, cometendo algum erro intencional. Deve promover um debate em que eles possam expor quais as modificações fizeram e o porquê. Só será possível "errar" e explicar com o conhecimento do padrão e justificativas corretas.

4. USAR PALAVRAS ANTERIORES NUM CONTEXTO REVERSO

As palavras "criadas" pelos alunos, na atividade anterior, podem ser usadas em outro momento, para que façam a correção delas, sempre reiterando a classificação.

5. IDENTIFICAÇÃO DAS PALAVRAS DIFÍCEIS NO CONTEÚDO ESCOLAR

Fazer um levantamento, junto com a classe, das palavras difíceis que apareceram no texto expositivo, por exemplo, de ciências. Investir nessa coleta e justificativas. Podem ser palavras que irão para o banco de palavras exposto na sala e descrito mais à frente.

EXERCITANDO A AUTORREGULAÇÃO

1. COMPARTILHANDO DICAS NO AMBIENTE

É importante a utilização do ambiente para valorizar a escrita correta. A exposição às palavras mais incomuns, principalmente se forem irregulares, auxilia na formação do léxico mental ortográfico.

1.a) Criar um painel com um banco de palavras incomuns dos conteúdos acadêmicos, ou derivadas da correção de um ditado, ou dos erros mais recorrentes da turma nas provas. A elaboração desse painel deve ser dinâmica. O professor pode solicitar que cada aluno escreva uma palavra que errou ou ache difícil. Pode fazer uma votação, para que os alunos decidam qual palavra merece destaque no painel, bem como a que pode sair. As palavras desse banco podem e devem ser classificadas explicitamente, levando os alunos ao conhecimento das suas vulnerabilidades e às ações necessárias para escrever corretamente – compreender – refletir – agir.

1.b) O professor pode escolher e colocar a porcentagem de acertos por parte dos alunos e, à medida que for checando esse conhecimento, ir construindo gráficos evolutivos para compartilhar com a classe. Ao mesmo tempo em que promove a escrita correta das palavras pela repetição, valoriza a importância de se escrever corretamente e estimula a autorregulação.

2. USO DE OUTROS RECURSOS:

Os alunos devem ser ensinados a buscar no dicionário, nas mídias digitais e, especialmente, no texto e no enunciado das perguntas, as palavras que gerarem alguma dúvida ortográfica.

3. ATIVIDADES LÚDICAS COM DESAFIOS ORTOGRÁFICOS PREDETERMINADOS:

Estimular os alunos a evocarem palavras com desafios predeterminados, para serem utilizados durante jogos. Um bom exemplo seria o Jogo da Forca, com palavras só com _RR_ ou só com X. Outra possibilidade seria a adaptação do Jogo do Stop. Ao invés de o campo semântico, lançar desafios ortográficos (por exemplo -RR-, -R-, X, -SS-,

-S-, H inicial), eliminando a escolha da letra inicial. Em casos de dificuldades de evocação, pode--se construir uma lista prévia, ou utilizar um banco de palavras feito anteriormente, ou o caderno de registros das descobertas.

4. USO DA LINGUAGEM NA PROMOÇÃO DA ORTOGRAFIA

4.a) Durante as atividades de entendimento de texto, sugerir, por exemplo, a elaboração de perguntas com aquele conceito que promoverá o uso da ou das palavras- ---alvo.

4.b) Solicitar a elaboração de um texto com determinado banco de palavras.

5. ATIVIDADES E PRODUÇÃO DE TEXTOS COM DESAFIOS ORTOGRÁFICOS

O professor pode propor uma atividade, oferecendo bonificação na nota do aluno, caso ele não erre determinada categoria, por exemplo, regra ou acentos. Dessa forma, estará incentivando a autorregulação, a revisão e a autocorreção, além de promover a fixação de determinada classificação.

6. REVISÃO SISTEMÁTICA DE ATIVIDADES E PROVAS

Solicitar revisão ortográfica de todas as atividades, de forma sistemática. Num primeiro momento, essa solicitação deve ser feita de forma explícita, assim que todos os alunos terminarem atividades ou provas. Dessa forma, cria-se uma cultura de revisão que, ao longo do tempo, deixa de ser explícita, dirigida pelo professor, e passa a ser incorporada na rotina, realizada de forma autônoma.

6.a) A revisão pode ser dirigida mais explicitamente. Exemplos:

- Observem nosso painel com o banco de palavras difíceis deste bimestre e verifiquem se escreveram corretamente, ou

- Consultem a lista de palavras, do final da prova, e façam uma boa verificação, ou

- De forma mais dirigida e explicitamente, oriente os alunos numa determinada questão. Por exemplo: voltem à questão 5 e observem se vocês escreveram corretamente a palavras fotossíntese. Colocaram acento?

6.b) Posteriormente, estimular a autonomia. Pode ser a última questão da prova de forma dirigida, ou só um *checklist*. Pode valer ponto, sendo uma forma de motivá-los a aceitarem o desafio. Exemplos:

- Confiram cuidadosamente a ortografia na questão 5, ou
- Lembrem-se de checar as palavras difíceis, ou
- Lembrem-se de que algumas das palavras difíceis podem estar no enunciado. Que tal checá-las?

COMO OTIMIZAR O MATERIAL DIDÁTICO RELACIONADO AO APRENDIZADO DA ORTOGRAFIA?

Sabemos que o professor tem de cumprir uma sequência, determinada pelo material adotado, dentro da proposta pedagógica da escola. É fundamental considerar que, em toda e qualquer atividade, é indicado explorar e explicitar as possibilidades das notações ortográficas. Essa construção envolve ir além do que está impresso no material pedagógico, pois, em sua maioria, este não percorre o caminho das descobertas. Geralmente, propõe estratégias apenas baseadas na memorização, ou na checagem, o que não garante a construção de hipóteses sólidas e construtivas.

Importante reforçar que o aluno somente será capaz de alcançar a etapa ortográfica da escrita, se autorregular, incorporar a revisão e a autocorreção, quando compreender a natureza dos erros e criar hipóteses sólidas para poder refletir sobre as irregularidades da língua. Essa conquista só será possível, se o aluno for estimulado e conduzido pelo professor.

Nesse capítulo, foram listadas algumas estratégias que podem ser utilizadas no dia a dia, que visam à compreensão da tipologia do erro ortográfico, ao desenvolvimento da autorregulação e da autocorreção. No próximo capítulo, serão propostas outras estratégias, dirigidas especificamente, a cada uma das dificuldades ortográficas.

REFERÊNCIAS

BATISTA, A. O.; CERVERA-MÉRIDA, J. F.; YGUAL-FERNÁNDEZ, A.; CAPELLINI, S. A. **Pró-ortografia**. São Paulo: ProFono, 2014.

CERVERA-MÉRIDA, J. F.; YGUAL-FERNANDES, A. Una propuesta de intervênción en transtornos disortográficos atendiendo a la semiología de los errores. Revista de Neurología, v. 42, supl 2, S117-S126, 2006. Disponível em: https://www.researchgate.net/publication/7224391_A_proposal_for_intervention_in_dysorthographic_disorders_by_attending_to_the_semiology_of_the_mistakes. Acesso em: 18 nov. 2020.

DIAS, N. M.; SEABRA, A. G. **Piafex**: Programa de intervenção em autorregulação e funções executivas. São Paulo: Ed. Memnon, 2013.

ELLIS, A. W. **Leitura, escrita e dislexia**: uma análise cognitiva. 2. ed. Porto Alegre: Artes Médicas, 1995.

FIGUEIREDO, J. C. Como ajudar os alunos a estudar e a pensar? Autorregulação da aprendizagem. **Educação, Ciência e Tecnologia**, v. 34, p. 233-258, 2005. Disponível em: http://www.ipv.pt/millenium/Millenium34/18.pdf. Acesso em: 15 nov. 2020

FOZ, F. B. Trabalhando a ortografia: uma proposta interativa. *In:* SILVA, P. B.; DAVID, R. H. F. **Cadernos da Fonoaudiálogo**. Editora Lovise, 2006. Linguagem. v. 1.

FOZ, F. B. Reabilitação dos distúrbios de leitura e escrita: uma proposta dialógica interativa. *In*: BERRETIN-FELIX, G. *et al.* (org.). **(Re)abilitação Fonoaudiológica – Avaliação da Eficácia**. São José dos Campos: Pulso Editorial, 2009.

FOZ, F. B. Como lidar com os erros ortográficos, disortografia e discalculia nos processos de aprendizagem sem causar estigmas? *In:* BETT BRASIL EDUCAR, 22., 2015, São Paulo. **Anais** [...]. São Paulo: Expo Exhibition Convention Center, 2015.

FOZ, F. B.; SOLIGO, M. O. A importância da autorregulação na escrita ortograficamente correta: proposta de intervenção. *In:* ALVES, L. M.; MOUSINHO, R.; CAPELLINI, S. A. (org.). **Dislexia**: novos tempos, novas perspectivas. Rio de Janeiro: Wak Editora, 2018. v. 4.

MOOJEN, S. M. P. **A escrita ortográfica na escola e na clínica**: teoria, avaliação e tratamento. São Paulo: Casa do Psicólogo, 2009.

MORAIS, A. G. **Ortografia**: ensinar e aprender. São Paulo: Editora Ática, 1998.

MORAIS, A. G. Prevenção de dificuldades de aprendizagem através de um ensino que promove a tomada de consciência de princípios regulares de nossa língua. *In:* BARBOSA, T.; RODRIGUES, C, C.; MELLO, C. B.; CAPELLINI, S. A.; MOUSINHO, R.; ALVES, L. M. (org.). **Temas em Dislexia**. São Paulo: Artes Médicas, 2009.

REGO, L.; BUARQUE, L. Algumas fontes de dificuldade na aprendizagem de regras ortográficas. *In:* Morais, A. G. (org.) **O aprendizado da Ortografia**. Editora Autêntica, 1999.

SALEMA, M. H. **Ensinar e aprender a pensar**. Lisboa. Texto Editora, 1997.

SAMPAIO, M. N.; YGUAL-FERNÁNDEZ, A.; CERVERA-MÉRIDA, J. F.; CAPELLINI, S. A. **Programa de intervenção com as dificuldades ortográficas**: proposta de um modelo clínico e educacional. São José dos Campos: Pulso Editorial, 2013.

ZORZI, J. L. **Aprender a Escrever**: a apropriação do sistema ortográfico. Porto Alegre. Artmed, 1998.

ZORZI, J. L. Problemas de aprendizagem e ortografia. Crianças escrevendo errado: o que fazer. *In:* ZORZI, J. L.; CAPELLINI, S. A. **Dislexia e Outros Distúrbios da Leitura** – Escrita. Letras desafiando a Aprendizagem. São José dos Campos: Pulso Editorial, 2008. p. 195-226.

ADAPTAÇÃO CURRICULAR NA DISORTOGRAFIA: ESTRATÉGIAS EDUCACIONAIS PARA A COMPREENSÃO DE FUNCIONAMENTO DO SISTEMA

Adriana Vanisia Mendlovitz Albino

Na perspectiva de que a Ortografia deve ser ensinada, de maneira explícita, e sabendo que as ações educacionais atuais, principalmente do 2.º ao 5.º anos do Ensino Fundamental 1 não favorecem o desenvolvimento dos conhecimentos para a adequada apropriação do sistema ortográfico, sugere-se estratégias educacionais que proporcionem uma evolução contínua para todos os escolares e que possam também ser usadas como recursos para alunos com diagnóstico de Disortografia.

Discutir possibilidades de adaptações curriculares para alunos disortográficos sugere refletir sobre esses conceitos, além de fazer uma relação com os aspectos educacionais e de formação dos educadores do Brasil, especialmente no segmento do Ensino Fundamental 1.

Compreendendo que a aprendizagem da linguagem escrita depende de um ensino explícito (Scliar-Cabral, 2003) e que, também por isso, o diagnóstico de Disortografia nem sempre acontece antes do término do Fundamental 1 (Capellini; Cunha; Batista, 2009), torna-se necessária a discussão, não só das adaptações aos alunos com Disortografia, mas ações educacionais e de planejamento institucional que realmente favoreçam a apropriação do sistema ortográfico por todos.

Conhecer quais são as dificuldades que envolvem o uso da linguagem escrita, a análise e reflexão de um código que realmente permitam seguir as regras de funcionamento de uma língua, deve ser direito e oportunidade a todos. Assim, uma reflexão sobre o conhecimento que os professores têm sobre a Ortografia e a revisão de suas práticas educacionais é um caminho para redução das dificuldades que envolvem o uso da linguagem escrita, incluindo a apropriação do sistema ortográfico.

Estudos mostram (Moojen, 2009) que em determinadas situações em que há dependência de uma análise contextual para uso de regras ortográficas, a instrução do professor reflete uma percepção individual, ou mesmo, ensino de práticas não reais, como uso de ditados para ensinar Ortografia e fornecimento de regras com exemplos, exceções e expectativa de uso imediato, que só dificultam a correta notação.

Assim, falar de adaptações para alunos disortográficos envolve mudar a prática, muitas vezes inadequada, que gera quadros de dificuldades de uso da linguagem escrita, por conta de um sistema ineficaz desde a formação do corpo docente (Cagliari, 2002) até a dificuldade de diagnósticos precisos.

Técnicas de memorização e correção de palavras, sem a reflexão sobre os erros, estão entre as estratégias de ensino tradicional da Ortografia (Silva; Morais 2005) que dificultam o conhecimento sobre o funcionamento do sistema.

Pensar nas adaptações curriculares como possibilidades educacionais de atuar frente às dificuldades de aprendizagem dos alunos, pressupõe organização de um currículo que seja apropriado às peculiaridades dos alunos com necessidades especiais, mas além disso, que favoreça o desenvolvimento de todos.

Compreender que a aquisição da escrita tem caráter evolutivo e que acontece ao longo dos primeiros anos escolares (Zorzi, 2003; Capellini; Chiaramonte; Batista, 2019), sugere a necessidade da elaboração de estratégias que possam favorecer o domínio progressivo do sistema ortográfico.

Em momentos de formação de educadores do 2.º ao 5.º ano do Ensino Fundamental em escolas públicas e privadas de Belo Horizonte/MG, os professores foram indagados sobre sua formação para o trabalho sobre a Ortografia e grande parte deles relatou que usava os conhecimentos que adquiriram em sua formação de escolar, ou seja, a percepção que os mesmos tiveram quando ainda cursavam os Anos Iniciais do Fundamental. Sobre o planejamento das atividades especificamente para o ensino da Ortografia, os mesmos relataram que usavam o livro didático adotado pela escola ou pela rede como o instrumento único ou principal de estimulação. Os objetivos eram definidos pelos documentos institucionais, mas os professores não sabiam explicar quais eram as análises que deveriam mediar com os escolares para que, ao final da intervenção, estes fossem capazes de empregar corretamente o uso da regra ortográfica que tinham estudado. Um fato comum era a descrição da regra esperada, e não como compreender o uso dela.

Assim, um trabalho de discussão acerca do funcionamento da língua, a definição de quais são as regras contextuais, que podem ser compreendidas, e quais são as melhores estratégias para cada análise, incluindo os casos de irregularidade, são necessárias.

Antes de sugerir estratégias, é importante compreender como o sistema é organizado. Aqui, usaremos a classificação baseada na semiologia do erro, proposta por Batista *et al.* (2014) que garante não só informações sobre o que esperar em cada ano escolar, mas planejar o ensino de acordo com os fatores cognitivo-linguísticos envolvidos em cada análise.

Compreender a diferença entre Ortografia Natural e Ortografia Arbitrária é o primeiro passo para elaboração de estratégias e adaptações efetivas, já que os processos cognitivo-linguísticos envolvidos nessas análises são diferentes. Após a consolidação da base alfabética, na qual a criança se apoiava na fala, na relação direta dos sons e suas representações, precisamos diferenciar como será a análise evolutiva, até o domínio das convenções da escrita para o Português Brasileiro (Batista *et al.*, 2014).

A seguir, veremos alguns exemplos de estratégias educacionais para facilitação de apropriação do sistema ortográfico, assim como formas de adaptações para alunos com diagnóstico de Disortografia.

De forma didática, vamos apresentar quais as habilidades envolvidas em cada análise, estratégias de facilitação para as intervenções educacionais coletivas e para os alunos com Disortografia, dentro das classificações da Ortografia Arbitrária.

1 ORTOGRAFIA ARBITRÁRIA: CONHECIMENTO EXPLÍCITO DAS REGRAS ORTOGRÁFICAS A LETRA R

Principais erros de intervenção escolar:

- orientação com relação as diversas posições da letra R na palavra, criando diversas "regras" para uma única análise.

CRITÉRIOS PARA ELABORAÇÃO DA SEQUÊNCIA DIDÁTICA:

ETAPAS:

1.1 Reflexão sobre a língua/conhecimento explícito da regra;

1.2 Comprovação da regra: atividade de sistematização/emprego da regra;

1.3 Memória lexical: escolha de palavras de uso frequente com o critério ortográfico;

1.4 Monitoramento: Indicação para revisão em produção de textos;

- Compreender o contexto- uso de R ou RR

Nesse caso, em que o uso da forma ortográfica depende da compreensão do contexto, é necessário que o aluno seja orientado a perceber como funciona o sistema. Para isso, iniciar refletindo sobre qual seria o contexto a ser analisado: sonoro, de posição ou de aspectos morfológicos seria o caminho.

Na sequência apresentada, seguiremos essas etapas de análise para compreensão:

- a letra R pode representar mais de um som?
- quais **são os sons?**
- como eles podem ser representados?
- usamos RR para qual tipo de som?
- em que posição na palavra usamos RR?

1.1 REFLEXÃO SOBRE A LÍNGUA - USO DE R OU RR: CONHECIMENTO EXPLÍCITO DA REGRA

Inicialmente, estimulamos a identificação de que uma mesma letra pode representar mais de um som.

Leia o trava-língua

Se a aranha arranha a rã.
Se a rã arranha a aranha,
como poderia a triste rã
ser amiga da aranha?

1 - No trava-língua, sublinhe todas as palavras em que a letra R foi usada.

2 - Pensando nas possibilidades de sons que a letra R pode apresentar, fale as palavras sublinhadas e pinte de cores diferentes as palavras sublinhadas. Use uma cor para cada som que a letra R representa.

3 - Circule a palavra em que a letra R foi empregada na sequência RR e responda: Como é realizado o som da letra R nessa palavra?

( ) "tremendo" a ponta da língua.

( ) "raspando" na garganta.

4 - As letras que aparecem antes e depois do uso do RR são:

( ) vogais.

( ) consoantes.

5 - Agora conclua sua análise, completando com uma das opções:

No Português Brasileiro, só usamos RR quando o som

____

("raspa" na garganta/ "treme" na ponta da língua)

e está entre ____________________________________.

(vogais/ consoantes)

Quadro 1 – Exemplo de estratégia para conhecimento explícito da regra: Uso de R ou RR (parte 1 – Sequência Didática)

Fonte: Estratégia adaptada de Albino (2018, p. 40).

Essa sequência é elaborada, levando-se em consideração o tipo de classificação ortográfica: para o emprego correto da letra R. No Português Brasileiro, devemos perceber que existe um contexto, que envolve a análise sonora e a posição que esse som ocupa na palavra, por isso é uma regra contextual dependente de contexto (Batista, 2014).

Para que a criança possa comprovar a análise e passar a usá-la no seu cotidiano de escrita, sugere-se a continuidade da sequência didática:

1.2 COMPROVAÇÃO DA REGRA - USO DE R OU RR

1 - Lembrando do que aprendemos sobre o emprego de R ou RR, escreva uma frase com a palavra que representa a figura:

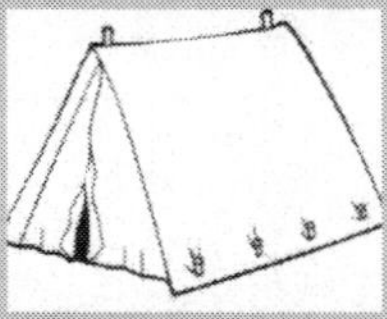

2 - Revise a palavra que representa a imagem e confira:

- como é produzido o som da letra R nessa palavra:

( ) "raspou" na garganta ( ) "tremeu" na ponta da língua

Esse som está representado entre:

( ) vogais ( ) consoantes.

Você usou R ou RR?

Continue escrevendo uma frase com cada palavra que representa as figuras.
Ao escrever, lembre-se da análise sobre o emprego de R ou RR.

3 - Confira a forma ortográfica usada:							
Imagem e descrição	palavra	Som da letra R Raspou na garganta?		Posição do som da letra R na palavra Entre:		Uso:	
		sim	não	vogais	consoantes	R	RR
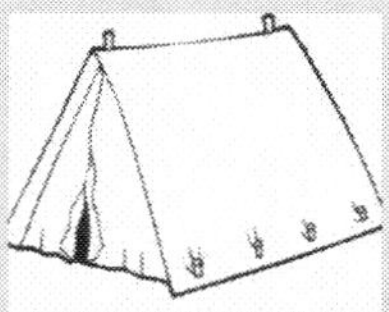 Usamos para acampar.							
 Meio de transporte							
 Usamos nas janelas.							
 Fruta vermelha.							
Meu desempenho (uso de R ou RR) Quantidade de acertos: ____________________							

Quadro 2 – Exemplo de estratégia para comprovação do funcionamento da regra, uso de R ou RR (parte 2 – Sequência Didática)

Fonte: elaborada pela autora.

1.3 FORMAÇÃO DA MEMÓRIA LEXICAL ORTOGRÁFICA

Uma estratégia interessante para auxiliar na formação da memória lexical com o critério ortográfico estimulado **é a** identificação das palavras de uso frequente.

Em geografia, estamos estudando que os bairros são as unidades mínimas que formam a nossa cidade. Leia no seu livro (página ...) e marque quantas vezes a palavra que define o assunto de nosso estudo atual aparece. Escreva-a abaixo:

Quadro 3 – Continuidade da Sequência Didática – uso de R ou RR (parte 3), formação de memória lexical ortográfica

Fonte: elaborada pela autora.

1.4 MONITORAMENTO- USO DE R OU RR

Após a estimulação do critério ortográfico que depende da análise do contexto, sugere-se a indicação de monitoramento em situações de uso em produções de texto.

Exemplo:

Ao fazer sua produção de textos, relembre o critério de Ortografia (uso de R ou RR) estudado, e utilize-o em sua escrita. Para os alunos com diagnóstico de Disortografia, pode-se relembrar o critério. Ex: Usamos RR quando o som raspa na garganta e está entre duas vogais, como na palavra ca<u>rr</u>o ↑ ↑ vogais

Quadro 4 – Continuidade da Sequência Didática monitoramento e uso (parte 4)

2 ORTOGRAFIA ARBITRÁRIA: CONHECIMENTO EXPLÍCITO DAS REGRAS ORTOGRÁFICAS, DEPENDENTE DE REGRAS DA MORFOSSINTAXE

EMPREGO DE L OU U FINAL (VERBOS)

Nessa situação, a decisão da forma ortográfica correta depende da análise da palavra, de acordo com a categoria gramatical a que pertence (Santos; Navas, 2016), ou seja, é necessário que a criança identifique e domine o conceito de verbo.

Para essa análise, é necessário compreender também que duas letras podem representar um mesmo som (L ou U), dependendo da posição que ocupam na palavra (L no final da palavra com som de U). Assim, a Sequência Didática deve contemplar essas etapas.

Sugere-se iniciar a Sequência com imagens que facilitem a identificação do conceito de ações/verbos, como nessa atividade proposta por Albino, 2018.

2.1 CONHECIMENTO EXPLÍCITO DE REGRAS- USO DE L OU U FINAL (VERBOS).

1. Veja as cenas abaixo e numere as palavras, de acordo com a sequência de ações e objetos e nome de personagens representados nas imagens.

Inicie a numeração pelo nome da personagem.

( ) guardou ( ) saiu
( ) baú de papel ( ) lápis
( ) comprou ( ) Raquel
( ) rasgou ( ) chorou

Observe as últimas letras destacadas nas palavras e responda às perguntas a seguir.

Quadro 5 – Estratégia para identificação regra – L ou U
Fonte: Albino (2018, p. 32).

Na proposta com a imagem inicial (Quadro 5) Albino (2018) sugere que o professor faça reflexões sobre as possibilidades de representação das letras L e U nas palavras. A ideia seria que os alunos possam perceber que a letra L no início de palavras (palavra lápis no exemplo citado) e ao final delas (palavra Raquel, no exemplo citado) não tem o mesmo som. Através da mesma sequência de atividade, a professora também faz a mediação para que os alunos percebam em quais as situações a letra U foi sempre usada (ao final de verbos).

Para a identificação dessas situações sugere-se:

1 - Olhando a sequência das imagens, e utilizando as palavras do quadro, escreva um pequeno texto representando o que você vê na sequência.

2 - Agora, circule as palavras que representaram ações realizadas pela personagem. Observe que elas representam ações que já foram realizadas, ou seja, representam situações no passado.

3 - Analisando as palavras circuladas por você, responda: Essas palavras representam qual classe gramatical?

( ) substantivos: que dá nome a seres, coisas, espaços.

( ) verbos: palavra que indica ação, movimento, estado.

4 - Qual foi a letra usada ao final dessas palavras?

( ) L.

( ) U.

5 - Agora, complete as frases para concluir uma descoberta sobre o uso das letras L ou U ao final de palavras:

Ao escrever palavras que representam_______________________,
Verbos/substantivos

no tempo_____________________, usamos sempre a letra__________.
Passado/futuro L/U

Quadro 6 – Conhecimento explícito de regras - uso de L ou U final (verbos) - continuidade da Sequência Didática

Fonte: Adaptado de Albino (2018).

Após a exposição da regra, sugere-se monitoramento em situações de uso, ao produzir textos narrativos. Em situações de produções de textos, relembre, antes de iniciar a produção, o critério e indique que provavelmente farão uso dessa situação ao produzir textos, já que vão escrever sobre ações realizadas pelos personagens usando tempo verbal: passado.

3 ORTOGRAFIA ARBITRÁRIA: IRREGULARIDADES

Nas situações em que não há como refletir sobre as regras, também é importante que o professor diga aos alunos sobre quais recursos poderia usar. Mais ainda, é preciso que o aluno saiba quais são essas situações, ou seja, tomar consciência de que a escrita de determinadas palavras não é orientada por regras. (Morais, 1999), por isso demandam estratégias diferentes.

Exemplos de situações de irregularidade devem ser apresentados e, se possível construir estratégias com os alunos para memorizar as formas ortográficas.

Segue exemplo de estratégia de ensino que podem ser usada para todos os alunos e/ou para aqueles com diagnóstico de Disortografia.

O primeiro passo é apresentar aos alunos a situação de irregularidade. Discutir que, naquela determinada situação, não há análise apoiada em aspectos sonoros ou contextuais que auxiliem na decisão da notação ortográfica.

3.1 IDENTIFICAÇÃO DA SITUAÇÃO DE IRREGULARIDADE

Escolha as palavras para a discussão com os alunos a fim de apresentar a irregularidade.

Sugestão:

Escolha palavras que aparecem em conteúdos escolares.

1 - Leia as palavras encontradas em nosso livro de Geografia:

Hidrografia hídricos imagem

2 - Elas iniciam com o mesmo som?

3 - Elas iniciam com a mesma letra?

4 - Como podemos decidir qual inicia com a letra H?

Quadro 7 – Identificação da situação de irregularidade (sequência didática H inicial)

Fonte: elaborada pela autora.

Durante a discussão com os alunos, é importante explicitar que, em nosso Português Brasileiro, o uso da letra H inicial é uma arbitrariedade, não sendo possível pensar sobre qualquer contexto sonoro ou morfossintático.

Após essa discussão, é importante apresentar opções para o uso correto da notação, nos casos de irregularidade. Compreendendo que a memorização é um recurso e que o léxico mental ortográfico pode ser estimulado pela visualização frequente da palavra, sugerimos a continuidade da Sequência.

Estamos estudando sobre os rios e, provavelmente, vamos ver muitas vezes algumas palavras relacionadas ao tema. Também vamos ter que escrever algumas palavras, frequentemente, nas atividades e avaliações de Geografia.

Então vamos escolher 2 palavras que são escritas de forma diferente do que falamos, mas que a notação exige uso de letras que não temos opção de refletir, assim, precisamos memorizar a forma correta.

Elas ficarão aqui disponíveis no quadro de Palavras-alvo.

Durante essas próximas semanas, vamos usar o critério de H inicial.

Palavras-alvo/Geografia
H INICIAL

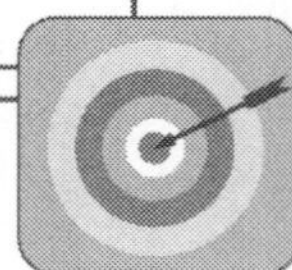

HIDROGRAFIA

HÍDRICOS

Sempre que você ver essas palavras alvo em sua leitura do conteúdo de Geografia, pinte-as com marca-texto.

Ao escrevê-las em suas atividades, usem o apoio visual, que ficará disponível aqui no quadro para vocês.

Quadro 8 – Definição de palavras de uso frequente, de acordo com o tema estudado (continuidade da Sequência Didática, uso do H inicial)

Fonte: elaborada pela autora.

Para os alunos com Disortografia, ensine-os a usar o recurso de apoio visual para memorização, uma opção, seria escrever pequenos lembretes e anexá-los com as palavras alvo de cada conteúdo estudado.

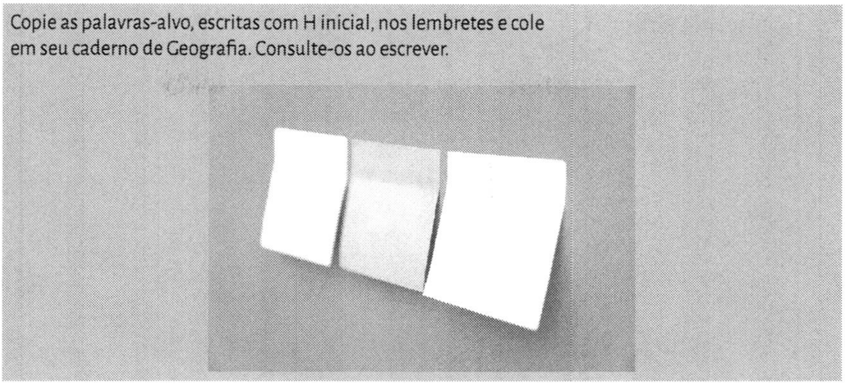

Quadro 9 – Monitoramento de acordo com o tema estudado, continuidade da Sequência Didática, uso do H inicial. Adaptações para alunos com Disortografia.

Fonte: Elaborada pela autora.

Pode-se fazer o mesmo com outras disciplinas, sempre identificando palavras de uso frequente, de acordo o tema estudado.

CONSIDERAÇÕES FINAIS

De forma resumida, apresentamos algumas sugestões de estratégias educacionais que podem ser usadas como apoio para alunos com diagnóstico de Disortografia, mas que, se usadas no cotidiano escolar, coletivamente, favorecem o conhecimento necessário para aquisição da escrita ortográfica de todos, de forma evolutiva.

Mais do que pensar em adaptações, entendemos que, no Brasil, **é necessária uma revisão das práticas usuais do ensino da Ortografia para que possamos definir diferenças entre dificuldades de aprendizagem em escrita.**

REFERÊNCIAS

ALBINO, A. V. M. **Ortografia**: reflexão e prática. 2.º ano. Belo Horizonte: Vereda Editora, 2018.

ALBINO, A. V. M. **Ortografia**: reflexão e prática. 3.º ano. Belo Horizonte: Vereda Editora, 2018.

BATISTA, A. O.; CERVERA-MÉRIDA, J. F.; YGUAL-FERNÁNDEZ, A.; CAPELLINI, S. A. **Pró-Ortografia**: Protocolo de Avaliação de Ortografia para escolares do Segundo ao quinto ano do Ensino Fundamental, Barueri, SP: Pró-fono, 2014.

CAGLIARI, L.C. **Alfabetização e ortografia**. Curitiba: Educar, 2002.

CAPELLINI, A. S.; CUNHA V. L. O; BATISTA, A. O. Disortografia: avaliação e intervenção baseada na semiologia do erro. *In:* MONTIEL, J. M; CAPOVILLA, F. C. (org.). **Atualização em transtornos de Aprendizagem**. São Paulo: Artes Médicas, 2009.

Capellini, S. A.; Chiaramonte, T. C.; Batista, A. O. **Compreendendo os transtornos específicos de aprendizagem**. Ribeirão Preto, SP: Book Toy, 2019. v. 2

MOOJEN, S. M. P. **A Escrita Ortográfica na Escola e na Clínica**. Teoria, Avaliação e Tratamento. São Paulo: Casa do psicólogo, 2009.

MASSINI-CAGLIARI, G.; CAGLIARI, L. C. **Diante das letras**: a escrita na alfabetização. Campinas: Mercado de Letras, 1999.

MORAIS, A. G. **Ortografia**: ensinar e aprender. São Paulo. Editora Ática, 1998.

SANTOS M. T. M.; NAVAS, A. L. G. **Transtornos de linguagem escrita**: teoria e prática. Barueri, SP: Manole, 2016.

SILVA, A.; MORAIS, A. G.; MELO K. L. R. **Ortografia na sala de aula**. Belo Horizonte: Autêntica, 2005.

SCLIAR-CABRAL, L. **Princípios do Sistema Alfabético do Português do Brasil**. São Paulo: Contexto, 2003.

ZORZI, J. L. **Aprender a escrever**: a apropriação do sistema ortográfico. Porto Alegre: Artes Médicas, 1998.

ZORZI, J. L. **Aprendizagem e distúrbio da linguagem escrita**: questões clínicas e educacionais. Porto Alegre: Artmed, 2003.

DESVIOS MORFOSSINTÁTICOS E ORTOGRÁFICOS

Miriam Aratangy Arnaut

Maria Mercedes Saraiva Hackerott

O presente capítulo discute a correlação entre a consciência morfossintática e a natureza dos erros de Ortografia (fonológica, ortográfica, morfossintática). Para tanto, são apresentados trabalhos que avaliam esta correlação.

A aquisição da língua escrita implica na apropriação de um sistema simbólico que requer tanto o conhecimento da relação letra-som e sua correspondência com a Ortografia, quanto de uma reflexão sobre a estrutura das palavras e sua localização na frase. Portanto, o aprendizado do sistema de escrita também depende de processos morfossintáticos executados em nível linguístico e metalinguístico.

A consciência morfossintática permite o uso de palavras variando a categoria gramatical e a reflexão sobre os processos de organização das palavras na produção de frases. O desenvolvimento desta consciência também amplia a aquisição de novas palavras e viabiliza a escrita ortográfica, decodificação e compreensão leitora.

Apesar da importância da consciência morfossintática, ela não tem sido tão estudada quanto à consciência fonológica. Os morfemas podem requerer diferentes níveis de processamento da língua. Talvez seja essa a razão pela qual as pesquisas se restrinjam a determinados aspectos morfossintáticos (Queiroga; Lima, 2016).

Para que o aprendizado da escrita ortográfica ocorra, é necessário o domínio da fase alfabética que permite a percepção de que a palavra é formada por unidades menores do que a sílaba e que são responsáveis pelo significado (Scliar-Cabral, 2003; Guimarães; Mota, 2018).

Para aprender a escrever corretamente, é necessário reconhecer três aspectos diferentes da palavra: o aspecto fonológico que analisa e codifica graficamente fonemas e outras unidades sonoras das palavras faladas; o aspecto ortográfico que analisa e codifica as letras e grupos de letras; o aspecto morfológico que analisa e codifica radicais, prefixos, sufixos tanto no código oral quanto no escrito (Bahr *et al.*, 2012). Entretanto, pode-se ampliar o aspecto morfológico para morfossintático, considerando-se também as relações de concordância, regência e ordenação das palavras nas frases (Correa, 2005). A consciência morfossintática engloba a estrutura da palavra, as relações de concordância de gênero e número, os acréscimos e omissões de palavras nas frases (Arnaut *et al.*, 2018).

Do ponto de vista clínico, quando os erros na escrita persistem além do esperado para a fase escolar, torna-se necessária a avaliação e busca de um

denominador comum para essas manifestações. Analisar a natureza dos erros, ou seja, o fator determinante da imprecisão com que o escolar escreve, pode reduzir a variabilidade do que se vê na produção escrita e facilitar a compreensão dos processos linguísticos e cognitivos envolvidos (Arnaut; Hackerott; Brandão, no prelo).

Os erros têm sido estudados conforme a natureza:

- <u>Natureza fonológica</u>: **surdo/sonoro** ex: chuteira – *juteira* (Zorzi, 1998; Scliar-Cabral, 2003; Cervera-Merida e Ygual-Fernandez, 2006; Kida, 2009, Moojen, 2009, Salles e Parente, 2009; Capellini, Butarelli e Germano, 201; Arnaut, 2015); **conversor letra/som** ex: gelado – *genado* (Carraher, 1990; Cagliari, 1993; Moojen, 2009, Arnaut, 2015); **omissão de traço de nasalidade** ex: transparente – *trasparente* (Carraher, 1990; Salles e Parente, 2009; Arnaut, 2015); **alteração da posição da letra na sílaba** ex: quietas – *queitas* ou **na palavra** ex: preta – *petra* (Carraher, 1990; Zorzi, 1998; Tessari, 2002; Cervera-Merida e Ygual-Fernandez, 2006; Kida, 2009, Moojen, 2009; Arnaut, 2015); **omissão de letra** ex: flores – *fores* (Cagliari, 1993; Zorzi, 1998; Cervera-Merida e Ygual-Fernandez, 2006; Kida,2009; Moojen, 2009; Capellini et al, 2010, Arnaut, 2015); **omissão de sílaba** ex: encanto – *canto* (Cagliari, 1993; Tessari, 2002, Kida, 2009; Moojen 2009; Arnaut, 2015); **acréscimo de letra** ex: luzes – *lezeies* (Cagliari, 1993; Zorzi, 1998; Cervera-Merida e Ygual-Fernandez, 2006; Moojen, 2009; Capellini et al, 2010; Arnaut, 2015); **acréscimo de sílaba** ex: porão – *poraro* (Cagliari, 1993; Zorzi, 1998; Cervera-Merida e Ygual-Fernandez, 2006; Moojen, 2009; Capellini et al, 2010; Arnaut, 2015); **segmentação de palavra** ex: quebrada – *que brada* (Carraher, 1990; Cagliari, 1993, Zorzi, 1998; Tessari, 2002; Cervera-Merida e Ygual-Fernandez, 2006; Capellini et al, 2010; Arnaut, 2015); **juntura de palavra** ex: com sono – *consono* (Carraher, 1990; Cagliari, 1993, Zorzi, 1998; Tessari, 2002; Cervera-Merida e Ygual-Fernandez, 2006; Capellini et al, 2010; Arnaut, 2015); **alteração da coda** ex: barril – *barrim* (Suehiro, 2008; Arnaut 2015); **alteração da posição da coda** ex: óculos – *osculo* (Cervera-Merida e Ygual-Fernandez, 2006; Arnaut, 2015); **omissão da coda** ex: certas – *cetas* (Arnaut, 2015); e **contaminação** ex: preta – *pretra* (Arnaut, 2015).

- Natureza ortográfica: **uso indevido da letra** ex: chuteira – *xuteira* (Carraher, 1990; Cagliari, 1993, Zorzi, 1998; Scliar-Cabral, 2003; Cervera- Merida e Ygual-Fernandez, 2006; Kida, 2009, Moojen, 2009; Salles e Parente, 2009; Arnaut, 2015); **apoio na oralidade** ex: encanto – *incanto* (Carraher, 1990; Cagliari, 1993, Zorzi, 1998; Arnaut, 2015); e **acentuação** ex: sabiá – *sabia* (Cagliari, 1993; Tessari, 2002; Kida, 2009; Moojen, 2009; Arnaut 2015) .

- Natureza morfossintática: **outra palavra** ex: trens – *tênis* (Arnaut, 2015); **hipercorreção** ex: inglês - *esgues* (Carraher, 1990; Cagliari, 1993; Tessari, 2002, Arnaut, 2015); **alteração de número** ex: roupa – *roupas* (Cagliari, 1993; Scliar-Cabral, 2003; Salles e Parente, 2009; Arnaut, 2015); **alteração de gênero** ex: ladrão – *ladra* (Cagliari, 1993; Scliar-Cabral, 2003; Sales e Parente, 2009; Arnaut, 2015); **omissão de palavra** ex: sabiá do campo- *sabia campo* (Arnaut, 2015); e **acréscimo de palavra** ex: meus óculos – *o meus óculos* (Arnaut, 2015).

Os erros encontrados na escrita de escolares do Ensino Fundamental podem ser classificados segundo as três naturezas (fonológica, ortográfica e morfossintática) e tendem a diminuir com a escolarização. Quando os erros persistem no decorrer das séries escolares, há que se pensar em déficits de habilidades de linguagem (Arnaut; Avila, 2017).

Queiroga, Lins e Pereira (2006) realizaram um estudo para investigar a relação entre a Morfossintaxe e a Ortografia com 120 crianças de

2.ª e 4.ª séries nas redes pública e particular de ensino. Foram avaliadas 30 crianças de cada série em cada tipo de escola. O estudo teve como objetivo verificar o grau de conhecimento morfossintático e o desempenho ortográfico das crianças nas duas séries estudadas; a evolução do conhecimento morfossintático e ortográfico nessas duas séries e comparar o desempenho da escola pública com o da particular. Para tanto, foi realizado um ditado de palavras e pseudopalavras contextualizadas em frases que apresentavam regularidades ortográficas de natureza morfossintática. Também foi realizada uma tarefa de analogia de palavra. Concluíram que houve melhor desempenho na escrita de palavras do que de pseudopalavras e que as crianças da 4.ª série tiveram desempenho muito superior ao da 2.ª série tanto na grafia das palavras quanto das pseudopalavras. O desempenho das crianças da escola particular foi melhor do que o das crianças da escola pública em todas as tarefas. Na prova de analogia de palavras, não houve desempenho satisfatório em nenhuma das séries nas duas redes escolares.

Guimarães, Mota, Paula e Barbosa (2014) realizaram um estudo com 72 crianças de 3.º, 4.º e 5.º anos de uma escola pública de Curitiba. Todos já tinham superado a fase alfabética da escrita e o grupo de cada ano foi dividido em dois, a partir do desempenho na reprodução da história "O pote vazio", que foi lido e discutido em classe e depois foi solicitada a sua reprodução. O Grupo A teve pior desempenho do que o Grupo B. A avaliação da consciência morfossintática foi realizada por meio de tarefas de categorização gramatical, de variação flexional e derivacional. A prova de compreensão foi realizada pela aplicação de dois textos cloze (texto com lacunas onde há o apagamento de palavras para ser completado pelos alunos) adequados para cada ano escolar. As pesquisadoras concluíram que o Grupo B de todos os anos escolares teve desempenho melhor nas tarefas de consciência morfossintática do que o Grupo A e que seu desempenho melhorou ao longo da progressão escolar. O mesmo não ocorreu com a categorização gramatical, em que o desempenho das crianças do 4.º ano foi melhor do que o das do 5.º ano. Talvez haja um viés decorrente do conteúdo programático do 4.º ano, que, segundo as autoras, pode ter resultado no melhor desempenho destes alunos. As crianças com melhor desempenho nas tarefas de consciência morfossintática foram as que tiveram melhor desempenho em compreensão leitora e textos com menos erros ortográficos.

Soares *et al.*, (2020) compararam o desempenho de 60 crianças em uma tarefa de consciência sintática e desempenho na escrita.

Foram avaliadas crianças de 4.º e 5.º anos do ensino Fundamental. Foi aplicada a prova de Consciência Sintática de Capovilla e Capovilla (2006) e, de acordo com o desempenho das crianças, elas foram divididas em dois grupos: G1 – desempenho adequado ao ano escolar e G2 – desempenho abaixo do esperado para a escolaridade. Na prova de narrativa escrita, solicitou-se a redação de um texto a partir de 4 imagens de uma mulher cuidando da casa. A narrativa escrita foi analisada segundo os critérios do Guia para Análise de Narrativas Escritas – PAES, que é dividido em 4 aspectos: traçado gráfico; erros ortográficos; variáveis linguísticas como categorias gramaticais, aspectos morfossintáticos; e conteúdo da produção. As redações foram avaliadas por dois juízes. O estudo conclui que as crianças com melhor desempenho na prova de consciência sintática apresentaram um texto mais elaborado não só em relação ao desenvolvimento da ideia, como também nos aspectos ortográficos.

Com o objetivo de investigar a presença de correlações entre a natureza do erro ortográfico e a consciência morfossintática, segundo a variável Ano Escolar, foi realizado um estudo prospectivo, de corte transversal que constou da aplicação de um ditado de sintagmas nominais e um teste oral para completar lacunas (Arnaut; Hackerott; Brandão, no prelo). Neste estudo foram avaliados 266 estudantes do 2.º ao 5.º ano do Ensino Fundamental de 7 escolas públicas e de uma escola particular do município de São Paulo, escolhidas de forma randomizada. As crianças foram indicadas por seus professores como bons alunos e passaram por uma triagem de leitura oral a fim de garantir um nível mínimo de conhecimento ortográfico.

Para avaliar a escrita, foi realizado um ditado. Limitar o ditado a 25 sintagmas nominais, ajudou na delimitação do escopo de análise dos erros morfossintáticos. Os ditados foram aplicados em grupos de no máximo 10 alunos, na própria escola. Para 2.º e 3.º anos, o ditado foi realizado em duas sessões e para 4.º e 5.º anos em uma única sessão. Os resultados foram analisados e todos os erros foram computados e classificados segundo sua natureza (Arnaut, 2015):

Natureza fonológica: surdo/sonoro; conversor fonema/grafema; omissão de traço de nasalidade; alteração da posição da letra na sílaba; alteração da posição da letra na palavra; omissão de letra; omissão de sílaba; acréscimo de letra; acréscimo de sílaba; segmentação; juntura vocabular; alteração da coda; alteração da posição da coda; omissão da coda e contaminação.

Natureza ortográfica: uso indevido da letra; apoio na oralidade; e acentuação.

Natureza morfossintática: outra palavra; hipercorreção; alteração de número; alteração de gênero; omissão de palavra; e acréscimo de palavra.

Para avaliar a consciência morfossintática, foi realizado um teste de complementação de sentenças, baseado no teste de Kruk e Bergman (2003). A aplicação foi feita individualmente por meio de testagem oral de complementação de sentenças. Foram apresentadas duas sequências de exercícios cada uma com 25 solicitações de complementação de lacunas (Arnaut; Avila, 2017). A primeira sequência testou processamentos de decomposição de palavras avaliando o emprego de 17 morfemas derivacionais, 6 morfemas flexionais nominais, 2 morfemas flexionais verbais. A segunda sequência testou os processamentos de composição de palavras avaliando o emprego de: 16 morfemas derivacionais, 7 morfemas flexionais nominais, 2 morfemas flexionais verbais. A instrução utilizada na aplicação das duas sequências era a mesma: "Eu vou dizer uma palavra que você deve repetir. Depois, vou dizer uma frase que você vai completar com uma palavra parecida com a que você repetiu". Antes da execução de cada sequência foram apresentados exemplos da tarefa de complementação.

Exemplo de tarefa de complementação da sequência de decomposição:

Repita a palavra: "morador".

Agora, complete a frase: Esta é a casa onde meu pai.

Exemplo de tarefa de complementação da sequência de composição:

Repita a palavra: "cantar".

Agora, complete a frase: Ela é uma ótima___.

As respostas das crianças foram anotadas em planilha própria para a tabulação dos dados e análise estatística. O método estatístico aplicado foi o teste de Coeficiente de Spearman que investigou as correlações possíveis, fixando em $p<0,05$ os valores de significância, conforme ilustra a Tabela 1.

consciência morfossintática							
			2.º ano	3.º ano	4.º ano	5.º ano	total
Rho de Spearman	Natureza fonológica	Coef. Correl.	0,255*	0,352*	0,061	0,067	0,272*
		Sig (p)	0,040	0,002	0,647	0,591	<0,001*
		n	65	75	59	67	266
	Natureza ortográfica	Coef. Correl.	0,263*	0,160	0,144	0,100	0,292*
		Sig (p)	0,034	0,171	0,277	0,420	<0,001*
		n	65	75	59	67	266
	Natureza morfossintática	Coef. Correl.	0,279*	0,339*	0,323*	-0,037	0,252*
		Sig (p)	0,024	0,003	0,013	0,768	<0,001*
		n	65	75	59	67	266

Tabela 1 – Correlação entre a consciência morfossintática e os erros de natureza fonológica, ortográfica e morfossintática segundo o ano escolar

Coef. Correl= coeficiente de correlação; sig = nível de significância

Fonte: Elaborado pelas autoras.

Ao analisar o grupo total de estudantes, observa-se que embora fraca, houve correlação entre a consciência morfossintática e os erros de natureza fonológica, ortográfica e morfossintática, o que corrobora os resultados de Guimarães *et al.* (2014).

A consciência morfossintática mostrou-se correlacionada às três naturezas de erros de escrita no segundo ano. No 3.º ano, correlacionou-se positivamente com erros de natureza fonológica e morfossintática e, no quarto, com erros de natureza morfossintática, resultado semelhante ao encontrado por Soares *et al.* (2020).

Ao se fazer a correlação da prova de consciência morfossintática com a natureza do erro ortográfico observa-se que as correlações do 3.º ano foram discretamente mais fortes do que as do segundo ano tanto para erros de natureza fonológica quanto para erros de natureza morfossintática e no quarto ano houve a correlação da consciência morfossintática apenas com erros de natureza morfossintática. Estes achados podem indicar que *déficit* em habilidades subjacentes ao aprendizado como memória de trabalho e acesso ao léxico mental também podem interferir na consciência morfossintática.

Ressalta-se que a pequena amostra estudada foi composta apenas de bons alunos. Seriam necessários outros estudos de correlação entre erros de escrita e a consciência morfossintática englobando também portadores de transtornos de leitura e escrita para podermos compreender melhor os processos subjacentes que interferem no aprendizado da leitura e escrita.

REFERÊNCIAS

ARNAUT, M. A.; AVILA, C. R. B. Correlação entre tipos de erros ortográficos e a morfossintaxe. *In:* WRITING ACROSS BORDERS, 4., 2017. Bogotá. **Anais** [...]. Colombia: Pontificia Universidad Javeriana, 2017.

ARNAUT, M. A.; HUDELOT, C.; HACKEROTT, M. M. S.; AVILA, C. R. B. Ditado de sintagmas nominais para avaliação da escrita: análise psicométrica. **CoDAS**, v. 30, n. 3, e20170159, 2018. DOI: https://doi.org/10.1590/2317-1782/20182017159

ARNAUT, M. A. **Avaliação da escrita por meio de sintagmas nominais**. Orientador: Clara Regina Brandao de Avila. 2015. 101 f. Tese (Doutorado) – Escola Paulista de Medicina, Universidade Federal de São Paulo, São Paulo, 2015.

BAHR, R. H.; SILLIMAN, E. R.; BERNINGER, V. W; DOW, M. Linguistic Pattern Analysis of misspellings of typically developing writen in grades 1 to 9. **J. Speech Lang Hear Res.**, v. 5, n. 6, p. 1587-1599, 2012.

CAGLIARI, L. C. **Alfabetização e linguística**. São Paulo (SP): Ed. Scipione, 1993

CAPELLINI, S. A.; BUTARELLI, A. P. K. J.; GERMANO, G. D. Dificuldades de aprendizagem da escrita em escolares de 1ª a 4ª séries do ensino público. **Revista Educação Em Questão**, v. 37, n. 23, 2010.

CARRAHER, T. N. Explorações sobre o desenvolvimento da ortografia em Português. *In:* ALVES, M. L. **Isto se aprende com o ciclo básico**. São Paulo: Secretaria de Estado da Educação, 1990.

CORREA, J. A Avaliação da consciência Morfossintática na criança. **Psicologia: reflexão e crítica**, v. 18, n. 1, p. 91-97, 2005.

GUIMARÃES, S. B.; MOTA, M. M. P. E. Consciência morfológica e ortografia. Uma relação para além da consciência fonológica?. **Estudos e Pesquisas em Psicologia**, v. 18, n. 2, p. 608-623. Disponível em: http://pepsic.bvsalud.org/scielo.php?script=sci_arttext&pid=S1808- 42812018000200013&lng=pt&tlng=pt. Acesso em: 12 ago. 2020.

GUIMARÃES, S. R. K.; PAULA, F. V.; MOTA, M. M. P. E.; BARBOSA, V. R. Consciência morfológica: que papel exerce no desempenho ortográfico e na compreensão de leitura?. **Psicologia USP**, v. 25, n. 2, p.201-212, 2014. DOI: https://doi.org/10.1590/0103-6564A20133713.

GUIMARÃES,S. R. K.; PAULA, F. V. O papel da consciência morfossintática na aquisição e no aperfeiçoamento da leitura e da escrita. **Educar em Revista**, v. 38, p. 92-111, 2010. DOI: https://dx.doi.org/10.1590/S0104-40602010000300007.

KIDA, A. S. **Bateria de avaliação de habilidades e competências linguísticas, de escrita e de leitura**: estudo piloto. Orientador: Clara Regina Brandão de Ávila.

2009. 100 f. Tese (Doutorado em Ciências) – Escola Paulista de Medicina, Universidade Federal de São Paulo, São Paulo, 2009.

KRUK, R. S.; BERGMAN, K. The reciprocal relations between morphological processes and reading. **Journal of Experimental Child Psychology**, v. 114, n. 1, p. 10–34, 2013. DOI: https://doi.org/10.1016/j.jecp.2012.09.014.

MÉRIDA, J. F. C.; FERNÁNDEZ, A. Y. Una propuesta de intervención en trastornos disortográficos atendiendo a la semiología de los errores. **Revista de Neurología**, v. 42, n. 2, p. 117-126, 2006.

MOOJEN, S. M. P. **A escrita ortográfica na escola e na clínica – teoria, avaliação e tratamento**. São Paulo (SP): Casa do Psicólogo, 2009.

QUEIROGA, B. A. M.; LINS, M. B.; PEREIRA, M. A. L. V. Conhecimento morfossintático e ortografia em crianças do ensino fundamental. **Psicologia: Teoria e Pesquisa**, v. 22, n. 1, p. 95-99, 2006. DOI: https://dx.doi.org/10.1590/S0102-37722006000100012.

SALLES, J. F.; PARENTE, M. A. M. P. Avaliação da leitura e escrita de palavras em crianças de 2.ª série: abordagem neuropsicológica cognitiva. **Psicologia: Reflexão e Crítica**, v. 20, n. 2, p. 220-228, 2007.

SCLIAR-CABRAL, L. **Princípios do sistema alfabético do português do Brasil**. São Paulo (SP): Contexto, 2003.

SOARES, A. C. C.; ZUANETTI, P. A.; SILVA K.; GUEDES-GRANZOTTI R. B.; FUKUDA, M. T. H. Written narrative of students with and without difficulty in syntactic awareness. **Journal of Human Growth and Development**, v. 30, n. 3, p. 417-424, 2020. DOI: http:doi.org/10.7322/jhgd.v30.11082.

SUEHIRO, A. C. B.; CUNHA, N. B.; SANTOS, A. A. A. Avaliação da escrita no contexto escolar entre 1996 e 2005. **Psic: Revista de Psicologia da Vetor Editora**, v. 8, n. 1, p. 61-70, 2008. Disponível em: http://pepsic.bvsalud.org/scielo.php?script=sci_arttext&pid=S1676- 73142007000100008&lng=pt&tlng=pt. Acesso em: 18 mar. 2018.

TESSARI, E. M. B. **Operações fonológicas nas alterações ortográficas- a presença da fonologia na ortografia**. Orientador: Carmen Lúcia Barreto Matzenauer. 2002. 152 f. Dissertação (Mestrado em Letras), Universidade Federal de Pelotas, Pelotas, 2002.

ZORZI, J. L. **Aprender a escrever**. A apropriação do sistema ortográfico. Porto Alegre (RS): Artmed, 1998.

O ENSINO DA ORTOGRAFIA COM ESCOLARES COM DISORTOGRAFIA: GUIA PARA PROFESSORES

Renata Graziele Morini Albrecht

Simone Aparecida Capellini

O ensino da Ortografia é um desafio principalmente para os professores de escolares com transtornos de aprendizagem, sendo assim, este capítulo tem por objetivo trazer orientações e estratégias embasadas cientificamente, a fim de auxiliar o ensino-aprendizagem da norma Ortográfica. O ensino explícito, reflexivo, pautado na semiologia do erro e que contemplem estratégias com analogia e mnemônicas, além de manejos específicos em sala de aula, contribuirão sobremaneira neste processo.

INTRODUÇÃO

A escrita ortográfica é uma convenção social necessária que tem por objetivo facilitar a comunicação escrita. Exerce um papel social importante de unificação, exige aprendizagem formal e uso de regras específicas da língua (Moraes, 2003; Abreu; Silva; Silva, 2021).

Em línguas transparentes consistentes como o Italiano, ou seja, em que um som é representado por uma letra, escrever é uma tarefa facilitada. Entretanto, essa se torna mais difícil à medida que encontramos a opacidade ortográfica, pois um som poderá ser representado por mais de uma letra e dependerá de contexto morfossintático-semântico ou apresentará uma irregularidade ortográfica (Chiaramonte, 2018).

A aquisição da escrita é um processo evolutivo e para tanto, inicialmente, o escolar deverá analisar o fluxo sonoro que é a fala e compreender que os componentes de uma palavra podem ser escritos por um conjunto de letras e normas convencionalmente estabelecidas. Assim sendo, o escolar deverá segmentar a fala em unidades menores, ter consciência de que tais unidades se repetem em outras posições (como, por exemplo, saber que o /p/ do começo de "pato" está no meio de "sapeca" e no final "copo") além de conhecer as regras de correspondências fonografêmicas (Machado; Capellini, 2014). Já na escrita ortográfica, o escolar primeiramente acessará o significado da informação desejada ativando dessa forma seu sistema semântico, em seguida, selecionará a palavra e sua posição na oração, demandando assim do sistema morfossintático. Posteriormente, a rota fonológica (conversão fonema-grafema) ou lexical (memória ortográfica visual) é acionada e, por fim, a seleção de grafemas ocorre juntamente com os atos motores necessários (Chiariamonte; Capellini, 2019).

A Disortografia, atualmente, é descrita no Manual Diagnóstico e Estatístico dos Transtornos Mentais (DSM-5) (APA, 2014) como um quadro do Transtorno Específico de Aprendizagem com prejuízo em escrita, podendo ser caracterizada pela imprecisão na ortografia, na gramática ou pontuação e organização da escrita. É considerada uma alteração do neurodesenvolvimento e que ocorre apesar do potencial intelectual e acesso à educação. Além disso, a Disortografia geralmente é parte de um quadro de Dislexia em que o processamento fonológico e ortográficos podem estar deficitários. Assim, a correspondência grafema-fonema não é realizada adequadamente, provocando leitura e escrita lenta, confusão entre palavras similares tanto na leitura como na escrita e alteração na compreensão da leitura e escrita ineficiente (Ygual-Fernández *et al.*, 2010).

Os escolares disortográficos apresentam dificuldades para aprender a ortografia e permanecem ao final do Ensino Fundamental com este perfil, pois sendo uma alteração genética e neurológica, as alterações são persistentes.

Dada complexidade e desafio que é ensinar a Ortografia, principalmente para escolares com dificuldades, este capítulo tem como objetivo trazer orientações e estratégias embasadas cientificamente para professores, a fim de auxiliar a aquisição da norma ortográfica, em especial, aos escolares com Disortografia.

DESAFIO DO ENSINO DA ORTOGRAFIA

Como mencionado anteriormente, a habilidade ortográfica é complexa e relaciona-se com o entendimento e a aplicação direta da correspondência fonema-grafema em palavras regulares, entretanto para as palavras irregulares há a necessidade também de conhecimento sintático e morfológico, que permite uma análise mais detalhada do contexto para escolha do grafema a ser utilizado (Sampaio; Capellini, 2015).

Posto isto, o processo de aprendizagem da Ortografia é considerado evolutivo. O ensino necessita ser pautado em refletir e explicitar as relações da escrita com a fonética-fonologia da língua; no conhecimento de regras que são assimiladas por meio da análise do contexto, e no entendimento das relações que são estabelecidas pela norma e devem ser aprendidas por meio do uso de estratégias que envolvem analogia e memória, pois são palavras escritas independentes de regra (Monteiro, 2010).

Diante desta tarefa desafiadora que é aprender a escrever, o professor precisa estar fundamentado em teorias que justifiquem sua prática. O entendimento da classificação nos tipos de erros que podem ocorrer se faz necessário para uma atuação assertiva.

Sendo assim, Batista e Capellini (2011) propõem o entendimento dos tipos de erros ortográficos com base na semiologia.

ERROS DE ORTOGRAFIA NATURAL

Os erros de escrita desta natureza fazem relação direta com a língua falada. Aqui encontramos:

- *Erros de correspondência fonema-grafema unívoca*: são substituições de sons por letras que possuem apenas uma representação gráfica. Por exemplo: <o*f*o> para <ovo> e <gali*lh*a> para <gali*nh*a>;
- *Omissão ou adição de seguimentos*: a escrita apresenta letras a mais ou falta letra para representar os sons, como: <mui*nto*> para <muito> ou <pota> para<porta>;
- *Alteração da ordem dos segmentos*: as letras estão invertidas, como <parto> para <prato>;
- *Separação ou junção indevida de palavras*: as palavras são escritas separadas ou unidas de forma inadequada (por exemplo: <*nacasa*> para <na casa> ou <*campeonato*> para <campe onato>).

ERROS DE ORTOGRAFIA ARBITRÁRIA

Os erros têm relação direta com a memória visual, vocabulário, morfossintaxe e conhecimento explícito de regras contextuais. Observa-se aqui:

- *Erros de correspondência fonema-grafema dependente de regras:* a escrita aqui depende do conhecimento do contexto ou da morfologia, pois há uma regra estabelecida, como em <ta*n*pa> para <ta*m*pa>; <e*z*ame> para <e*x*ame> e <ba*r*a> para <ba*rr*a>.
- *Erros de correspondência fonema-grafema independente de regras*: a convenção é arbitrária, ou seja, não há uma regra clara, por exemplo:<geito> para <*j*eito>, <omem> para <*h*omem> ou <ca*z*a> para <ca*s*a>.
- *Presença ou ausência inadequada de acentuação*: uso ou falta dos acentos agudo ou circunflexo;

OUTROS ACHADOS

Além dos erros mencionados de Ortografia Natural e Arbitrária, diferentes ocorrências podem ser encontradas e são denominadas *outros achados*. Estes são considerados quando há palavras escritas com letras espelhadas, inventadas ou problemas no traçado.

COMO POSSO AJUDAR O MEU ESCOLAR?

Entendendo os tipos de erros que o escolar apresenta, é possível trabalhar com estratégias que de fato contribuirão na aquisição da escrita ortográfica. Uma das práticas iniciais também deve ser a noção de que o erro faz parte do processo da escrita, mas que ele deve ser utilizado como estratégia para própria evolução da escrita a partir do ensino explícito. Além disso, independentemente de qualquer etapa de aprendizagem que a criança esteja, o incentivo à reflexão sobre a forma, sons e representações deve estar presente.

As estratégias serão apresentadas seguindo a classificação na semiologia dos erros. Todas são embasadas cientificamente e podem ser utilizadas em contexto escolar (Chiariamonte; Capellini, 2019; Sampaio, 2013; Monteiro 2010).

ESTRATÉGIAS PARA ERROS DE ORTOGRAFIA NATURAL

LETRAS E SONS

O objetivo é aprender a relação grafema-fonema.

Ensine explicitamente a sequência de formação da letra, mostrando pistas visuais e verbalizando a correspondência com o fonema. A prática repetida fortalecerá a associação grafema-fonema.

Dentro desta classificação, encontramos os grafemas: [p]; [b]; [t]; [d]; [f]; [v]; [m]; [n]; [lh] e [nh].

DIFERENÇAS ENTRE SONS PARECIDOS

O objetivo é aprender a relação grafofonêmica e proporcionar a conscientização semântica.

Esta atividade faz uso de pares mínimos para auxiliar no entendimento do impacto semântico que os erros ortográficos podem ocasionar. Por meio do livro "Não confunda" de Eva Furnari, os escolares escolhem pares mínimos para desenharem em cartazes e refletirem sobre o significado.

Pode-se utilizar os pares mínimos: [p]-[b]; [t]-[d]; [f]-[v] e [m]-[n].

ANÁLISE DE PALAVRAS COM SÍLABAS COMPLEXAS

O objetivo é proporcionar a reflexão do impacto em que a posição das letras pode trazer na semântica das palavras. Para isto pode-se utilizar os pares mínimos: garça-graça; parto-prato; claro-caro; floco-foco; torta-trota; trono-torno; terno-trenó, entre outros, mostrando imagens e associando à escrita. Posteriormente pode-se realizar um ditado com as palavras utilizadas (Silva, 2007).

LEITURA E RECONHECIMENTO DOS GRAFEMAS

O objetivo é aumentar o léxico visual ortográfico e reconhecer as letras.

Deve ser selecionado textos em que os grafemas trabalhados aparecem em alta frequência. O escolar tem de ser orientado sobre isso antes mesmo de iniciar a leitura e após deve ser instruído a grifá-los. Posteriormente, pode-se confeccionar uma lista com as palavras trabalhadas.

DIFERENÇAS ENTRE A FALA E ESCRITA

O objetivo é a compreensão das diferenças entre a língua oral e escrita.

A atividade consiste em um escolar escrever exatamente como o outro fala, a partir desta amostra, o professor levanta a reflexão e mostra que há diferenças na norma culta e coloquial e que, na fala, as palavras são aglutinadas e na escrita cada palavra deve ser escrita separadamente. Aqui podem ser utilizadas pistas auditivas, ou seja, o professor pode bater palma ao falar cada palavra da frase, ou visual, o professor pode desenhar um círculo na lousa para cada palavra da frase.

SEPARAÇÃO OU JUNÇÃO DE PALAVRAS

O objetivo é aprender a segmentar corretamente as palavras por meio de apoio visual.

Para esta atividade, o professor deve preparar frases escritas em letra bastão e sem separação e uma folha em que cada palavra terá uma linha como pista visual. Deve-se solicitar que o escolar corte cada palavra e cole na linha correspondente, como no exemplo a seguir:

Frase:

MARCELOCOMEUUMBOLODECHOCOLATE.

Pista visual:

_______________ ___________ ____ __________ ____ ____________________.

Fonte: elaborado pelas autoras.

ESTRATÉGIAS PARA ERROS DE ORTOGRAFIA ARBITRÁRIA DEPENDENTES DE REGRA:

É valido lembrar que nesta categoria encontram-se as regras: x/ch; r/rr; ão/am; m/n; c/ç; j (sem [e] e [i]); e/i e o/u no final da palavra; g/gu e c/qu e que cada regra deve ser trabalhada de forma isolada (Sampaio, 2012).

CONSTRUÇÃO DA REGRA

O objetivo é identificar e refletir sobre a regra ortográfica e esta atividade é válida para todas as regras contextuais. Por exemplo, para o uso do 'r' ou 'rr', pode-se oferecer uma lista de palavras para identificação e agrupamento em categorias e a partir disto construir a regra.

LEITURA E RECONHECIMENTO DAS REGRAS

O objetivo é aumentar o léxico visual ortográfico e reconhecer as letras e regras contextuais.

Deve ser selecionado textos em que a regra trabalhada aparece em alta frequência. O escolar deve ser orientado sobre isso antes mesmo de iniciar a leitura e após deve ser instruído a grifá-las. Posteriormente, pode-se confeccionar uma lista com as palavras trabalhadas.

DITADO DE PALAVRAS

O objetivo é memorizar a regra contextual.

Após explicação da regra, o professor informa que será realizado um ditado de palavras com a regra trabalhada.

TRANSGRESSÃO

O objetivo é proporcionar a reflexão sobre a regra.

A partir da regra trabalhada, o professor deve escrever uma palavra errada propositalmente e deve orientar os escolares a identificar o porquê do erro e como é a escrita correta.

ESTRATÉGIAS PARA ERROS DE ORTOGRAFIA ARBITRÁRIA INDEPENDENTES DE REGRA:

Neste subtipo não há uma regra ortográfica, portanto, o objetivo é ampliar o léxico visual e minimizar os erros por meio de treino e reflexão. Encontram-se aqui o uso de s/c/ss/sc/xc/ç/xç; z (exceto posição inicial); j/g com as vogais [e] e [i]; z/s; h; ch/x (excluindo quando há possibilidade de regra):

LEITURA E RECONHECIMENTO DAS REGRAS

Devem ser selecionados textos em que a ortografia trabalhada aparece em alta frequência. O escolar deve ser orientado sobre isso antes mesmo de iniciar a leitura e após deve ser instruído a grifá-las. Posteriormente, pode-se confeccionar uma lista com as palavras trabalhadas.

Além dos textos, pode-se utilizar ainda o banco de palavras E-Leitura (Oliveira; Capellini, 2018), o qual disponibiliza um amplo número de palavras classificadas em alta, média e baixa frequência.

EXERCÍCIO DE DERIVAÇÃO

Auxiliar na formação de palavras a partir de uma palavra já existente e mostrar que a grafia se mantém em relação a original.

NÃO ERRE MAIS.

Para esta atividade, é utilizado um cartaz escrito "Não erre mais" e em cada semana, o professor colocará uma palavra que foi trabalhada e que "não pode ser mais errada" pela turma. A seleção de palavras é feita pela frequência de erro da turma.

ANÁLISE E TREINO A PARTIR DO ERRO.

A partir da escrita espontânea e da identificação do erro pelo professor, deve-se solicitar que o escolar também encontre o seu erro e refletir nas possibilidades de escrita e a norma correta. Posteriormente, deve-se realizar derivação da palavra. Por exemplo: o aluno escreveu "...e quis *balansar* na árvore". Após a identificação e reflexão, o aluno faz a derivação por escrito para generalização: balanço, balançar, balançando.

RELEMBRAR E PROCURAR PALAVRAS

Um dos modos de solucionar erros relacionados às correspondências irregulares é relembrar a forma correta da palavra que pode ter sido vista nos livros ou nos cartazes. Esses erros tendem a diminuir se formos analisar as palavras que são focalizadas na intervenção, aquelas que aparecem com maior frequência nas produções textuais das crianças.

ENSINO E CONSCIÊNCIA DA MORFOLOGIA

A consciência morfológica pode ser dividida entre consciência morfossintática e consciência da morfologia derivacional.

O processamento morfológico está fortemente associado ao princípio semiográfico da língua, que é relacionado a como os morfemas representam significados (Mota; Silva, 2007; Mota; Lima, 2008).

Morfemas são as menores unidades de som que possuem significado próprio. Como muitas das ortografias das palavras depende da sua origem, a consciência morfológica, ou seja, a capacidade de refletir sobre estas origens ajuda no desenvolvimento ortográfico. Assim, estratégias para trabalhar com a habilidade de refletir sobre essas unidades de significado (morfemas) são importantes. Recorrer às regras gramaticais orienta a escrita ortográfica correta na língua portuguesa, e é a morfologia que acaba por ser um recurso influente na escolha de letras que possuem sonoridade muito parecida, por exemplo (Hagen; Miranda; Mota, 2010).

Após a apresentação de novas palavras, o aluno pode determinar o significado das mesmas, identificando suas raízes e afixos, explicando seus significados e usando-os corretamente em uma frase. A raiz pode ser definida como o núcleo mínimo de uma construção morfológica. Os afixos podem ser de dois tipos: prefixos ou sufixos.

O professor pode selecionar uma lista de palavras, e realizar a estratégia de *brainstorm* com raízes da palavra e um outro *brainstorm* com afixos (prefixos e sufixos) formando novas palavras. Adicionando sufixos às palavras-base os leitores aprendem a ver palavras como a soma dessas partes, o que ajuda na capacidade de inferir o significado e a pronúncia de palavras desconhecidas (Green, 2009).

ORIENTAÇÕES E MANEJOS COM ESCOLARES DISORTOGRÁFICOS

Para além das estratégias, é importante também saber manejar o escolar disortográfico na sala de aula, sendo assim, colocaremos a seguir algumas orientações para contribuir neste processo (Lourenceti; Nicolau; Padula, 2011, Sampaio *et al.*, 2013; Callet, 2018):

- Muitos escolares disortográficos têm consciência da dificuldade e escrevem pouco para não se expor. Portanto, encoraje-o a escrever e valorize todas as tentativas;
- Mostre a importância da escrita na vida cotidiana, seja na escrita formal e informal e, principalmente, de forma que faça sentido e coerente com a idade do escolar, como atualmente nos aplicativos de mensagens e jogos eletrônicos;
- Um ambiente e um ensino estruturado diminuirá a ansiedade no processo de aprendizagem da Ortografia;
- Permita e incentive o uso de dicionários físicos e online para correção e análise dos erros;
- Dê tempo suficiente para a criança executar as tarefas. Escolares com transtornos específicos de aprendizagem demandam mais tempo para realizar as atividades;

- Reforce os avanços e aspectos positivos das atividades;
- Corrija os erros sempre com base na semiologia do erro. Lembre-se que a cópia sem reflexão não contribuirá no processo;
- Após uma pergunta, dê tempo para a criança fazer a reflexão;
- Não exponha as dificuldades do aluno para turma;
- Não minimize as dificuldades da criança, mesmo em erros considerados simples. Demonstre que você é um parceiro para a superação e se coloque sempre à disposição;
- Na correção das provas, leve em consideração o diagnóstico do escolar e não desconte pontos nos erros ortográficos;
- Mantenha contato com os especialistas que atuam com a criança. Um trabalho em conjunto e um plano de ensino alinhado contribuirá para o desenvolvimento do escolar.

CONSIDERAÇÕES FINAIS

O domínio da escrita ortográfica é um desafio para todos os escolares, e em especial, para aqueles que apresentam dificuldades específicas, como transtorno de aprendizagem. O ensino explícito, estruturado e com manejos específicos em sala de aula, contribuirão sobremaneira no processo deste aprendizado e na vida escolar.

Partindo da definição que a Disortografia é um transtorno específico de aprendizagem, portanto, pervasivo, espera-se que algumas dificuldades ortográficas persistam, sendo assim, o professor pode e deve incentivar o escolar a buscar a escrita reflexiva e estratégias que minimizem os erros.

REFERÊNCIAS

ABREU, J. R.; SILVA, A. P. M.; SILVA, C. Intervenção ortográfica para erros de escrita. *In:* PIMENTAL, B. N. **Fundamentos Científicos e Prática Clínica em Fonoaudiologia**. Atena Editora, 2021. p. 173-186. v. 15.

APA. American Psychiatric Association. **Manual diagnóstico e estatístico de transtornos mentais**: DSM-5. 5. ed. Porto Alegre: Artmed, 2014.

BATISTA, A. O., CAPELLINI, S. A. Desempenho ortográfico de escolares do 2° ao 5° ano do ensino privado do município de Londrina. **Revista Psicologia e Argumento**, v. 29, n. 67, p. 411- 425, 2011.

CALLET, V. A. Dificuldades na aquisição da linguagem escrita: uma proposta pedagógica para a disortografia e disgrafia. *In:* ZANATTA, F.; HILGEMANN, C. M.; KELLER, G. A.; BUBLITZ, G. K.; FUCHS, J. T.; FORNECK, K. L.; MOTTIN, L. P.; ALDROVANDI, M.; JUCHUM, M.; CARDOSO, R. M.; HAETINGER, R. A. S. **Linguagens**: múltiplos olhares, múltiplos sentidos. Editora Univates, 2018. p. 206-211. v. 5.

CHIARAMONTE, T. C. **Processamento fonológico e desempenho ortográfico na dislexia do desenvolvimento e dificuldades de aprendizagem**. Orientador: Simone Aparecida Capellini. 2018. 164 f. Dissertação (Mestrado em Fonoaudiologia) – Faculdade de Filosofia e Ciências, Universidade Estadual Paulista, Campus de Marília, 2018.

GREEN, L. Morphology and literacy: Getting our heads in the game. **Language, Speech, and Hearing Services in the schools**, v. 40, p. 283-285, 2009.

HAGEN, V. M. L. C.; MOTA, M. M. P. E. Consciência morfológica: um panorama da produção científica em línguas alfabéticas. **Psicologia: teoria e prática**, v. 12, n. 3, p. 135-148, 2010.

MACHADO, A. C.; CAPELLINI, S. A. Aplicação do modelo de tutoria em tarefas de leitura e escrita para crianças com dislexia do desenvolvimento. **Revista Ibero-Americana de Estudos em Educação**, v. 9, n. 1, p. 35-48, 2014. DOI: 10.21723/riaee.v9i1.6855.

MONTEIRO, C. R. A aprendizagem da ortografia e o uso de estratégias metacognitivas. **Cadernos de Educação**, Pelotas, v. 35, p. 271-302, 2010.

MORAIS, A. G. **Ortografia**: ensinar e aprender. São Paulo: Ática, 2003.

MOTA, M. M. P. E.; SILVA, K. C. A. Consciência Morfológica e Desenvolvimento Ortográfico: um Estudo Exploratório. **Psicologia em Pesquisa**, v. 1, n. 2, p. 86-92, 2007.

MOTA, M. M. P. E.; ANIBAL, L. L; LIMA, S. A morfologia derivacional contribui para a leitura e escrita no português?. **Psicologia: Reflexão e Crítica**, v. 21, n. 2, p. 311-318, 2008.

SAMPAIO, M.N.; YGUAL-FERNÀNDEZ, A.; CERVERA-MÉRIDA, J.; CAPELLINI, S. A. **Programa de intervenção com as dificuldades ortográficas**: proposta de um modelo clínico e educacional. São José dos Campos, SP: Pulso Editorial, 2013.

SAMPAIO, M. N.; CAPELLINI, S. A. Eficácia do programa de intervenção de para dificuldades ortográficas. **CoDAS**, v. 26, n. 3, p. 183-192, 2014.

SAMPAIO, M.N.; CAPELLINI, S. A. Intervenção ortográfica em escolares com e sem dificuldades de escrita. **Psicologia Escolar e Educacional**, v. 19, n. 1, p. 105-115, 2015.

SILVA, C. Aprender ortografia: O caso das sílabas complexas. **Análise Psicológica**, v. 25, n. 2, p. 171-182, 2007.

YGUAL-FERNÁNDEZ, A.; CERVÉRA-MÉRIDA, J. F.; CUNHA, V. L. O.; BATISTA, A. O.; CAPELLINI, S. A. Avaliação e intervenção da disortografia baseada na semiologia dos erros: revisão da literatura. **Revista Cefac**, v. 12, n. 3, p. 499-504, 2010.

SOBRE AS ORGANIZADORAS

SIMONE APARECIDA CAPELLINI

Fonoaudióloga. Professora Titular – FFC/UNESP – Marília-SP. Docente do Departamento de Fonoaudiologia e dos Programas de Pós-Graduação em Educação e em Fonoaudiologia da Faculdade de Filosofia e Ciências – FFC/ UNESP – Marília-SP. Membro do *Collegio dei Docenti del Corso di Dottorato in Formazione, Patrimonio Culturale e Territori presso l'Università di Macerata, Macerata, Itália.* Coordenadora do Laboratório de Investigação dos Desvios da Aprendizagem (LIDA) do Departamento de Fonoaudiologia – FFC/ UNESP – Marília-SP. Líder do grupo de pesquisa "Linguagem, Aprendizagem e Escolaridade" (CNPq). Coordenadora do Departamento de Fonoaudiologia Educacional da Sociedade Brasileira de Fonoaudiologia (SBFa), Gestões 2017-2019; 2020-2022 e 2023-2025.

ANDREA OLIVEIRA BATISTA

Fonoaudióloga. Mestre em Educação e Doutora em Fonoaudiologia pela Faculdade de Filosofia e Ciências da UNESP / Marília – SP. Especialista em Fonoaudiologia Educacional pelo Conselho Federal de Fonoaudiologia – CFFa. Especialização em Psicopedagogia pela Universidade Filadelfia – UniFil, Londrina - PR. Membro do Laboratório de Investigação dos Desvios da Aprendizagem do Departamento de Fonoaudiologia (LIDA) e do Grupo de Pesquisa do CNPq "Linguagem, Aprendizagem, Escolaridade" da Faculdade de Filosofia e Ciências da Universidade Estadual Paulista, ambos da FFC/ UNESP, Marilia - SP. Fundadora do CERH – Centro de Estudos e Reabilitação Humana, Londrina - PR. Fonoaudióloga clínica e consultora fo- noaudiológica nos seguintes temas: linguagem; aprendizagem, aquisição, de- senvolvimento e transtornos da leitura e da escrita; alfabetização e habilidades metalinguísticas.

SOBRE AS AUTORAS

ADRIANA VANISIA MENDLOVITZ ALBINO

Fonoaudióloga clínica. Especialista em Fonoaudiologia Educacional pelo Conselho Federal de Fonoaudiologia. Docente em cursos de aprimoramento, graduação, pós-graduação; atua na formação de educadores e fonoaudiólogos no país. Membro do Departamento de Fonoaudiologia Educacional da Sociedade Brasileira de Fonoaudiologia. Pós-graduada em Educação Infantil e em Alfabetização pelo CEPEMG.

FLÁVIA BENEVIDES FOZ

Doutora em Ciências pela Faculdade de Medicina da Universidade de São Paulo (USP), especialista em linguagem pelo Conselho Federal de Fonoaudiologia (CFFa) e graduada em fonoaudiologia pela Universidade Federal de São Paulo (UNIFESP). Atuação clínica e institucional nas áreas de linguagens oral e escrita, com ênfase em distúrbios de aprendizagem e dislexia. Professora do CEFAC - Saúde e Educação, nos cursos de especialização e aprimoramento. Pioneira no uso da tecnologia informática em ambientes de aprendizagem, autora de artigos, livros e softwares. Responsável pelo site: www.sosdislexia.com.br

LEONOR SCLIAR-CABRAL

Doutora em Linguística (USP). Professora Emérita e titular (apos.) (UFSC). Pós-doutora Univ. Montréal. Fundou ISAPL: 1982, Presidente: 1991, reeleita, Sócia Honorária também da ALFAL; presidente ABRALIN: 1997-1999. 1.ª Coordenadora GT Psicolinguística ANPOLL, reeleita. Conselho Editorial: International Journal of Psycholinguistics, Cadernos de Estudos Linguísticos, Letras de Hoje (fundou), Revista da ABRALIN e Revista Alfa. Últimos livros: Princípios do sistema alfabético do português do Brasil e Guia Prático de alfabetização (SP: Contexto, 2003), O sol caía no Guaíba (PA: Prym, 2006). Com Caldas-Coulthard, Desvendando discursos (Florianópolis: EDUFSC, 2008); Sagração do Alfabeto (SP: Scortecci, 2009, finalista Poesia, Jabuti); Ed. Lili, Florianópolis: Sistema Scliar de Alfabetização Fundamentos (2013), Aventuras de Vivi (2014), José (2016, Prêmio Elisabete Anderle, literatura, FCC, 2015),

Sistema Scliar de Alfabetização Roteiros para o professor: Módulo 1, v 1 (2018), Aventuras de Vivi no mundo da Escrita (2020), Sistema Scliar de Alfabetização Caderno de Atividades Módulo 1 Ensino Fundamental (2020). Alimenta o Banco Mundial de dados de aquisição da linguagem CHILDES com dados do PB.

LUCIANA CIDRIM

Fonoaudióloga. Mestra e Doutora em Ciências da Linguagem pela Universidade Católica de Pernambuco (UNICAP). Atualmente, realiza estágio Pós-Doutoral junto ao Programa de Ciências da Linguagem da UNICAP. Tem formação em Dislexia pela Associação Brasileira de Dislexia (ABD). Especialista em Fonoaudiologia Educacional pelo Conselho Federal de Fonoaudiologia (CFFa). Membro da Sociedade Brasileira de Fonoaudiologia desde 1995. Participa de projetos de desenvolvimento de aplicativos destinados a escolares com transtornos de aprendizagem, em especial, dislexia.

MÁRCIA OLIVEIRA SOLIGO

Mestre em Distúrbios da Comunicação pela Pontifícia Universidade Católica de São Paulo (PUCSP) e graduada em Fonoaudiologia pela Pontifícia Universidade Católica de Campinas (PUCCAMP). Vasta experiência clínica nas áreas de linguagem oral e escrita, com ênfase nos distúrbios de aprendizagem e alterações do processamento auditivo.

MARIA MERCEDES SARAIVA HACKEROTT

Doutora em Linguística pela Universidade de São Paulo (1994), mestre em Linguística Aplicada ao Ensino de Línguas pela Pontifícia Universidade Católica de São Paulo (1989), bacharel com licenciatura plena em Letras pela Pontifícia Universidade Católica de São Paulo (1982) e bacharel em Comunicação Social pela Pontifícia Universidade Católica de São Paulo (1981). Tem experiência docente nas áreas de Linguística, Literatura e Língua Portuguesa. Atualmente, leciona na E. E. Eugênio Mariz de Oliveira Netto (DE-Sul-2/SP). Desenvolve pesquisas em Historiografia Linguística no GT de Historiografia da Linguística Brasileira da ANPOLL e no GT de Historiografia Linguística do IP-PUC/SP.

MIRIAM ARATANGY ARNAUT

Graduação em Curso de graduação em Fonoaudiologia pela Universidade de São Paulo (1981) e mestrado em Distúrbios da Comunicação Humana (Fonoaudiologia) (2004) e Doutorado em Ciências: Campo Fonoaudiológico (2015) pela Universidade Federal de São Paulo. Tem experiência na área de Fonoaudiologia, com ênfase em Fonoaudiologia, atuando principalmente nos seguintes temas: criança, avaliação e transtornos de aprendizagem.

MONIQUE HERRERA CARDOSO

Fonoaudióloga pela Universidade Estadual Paulista (UNESP). Mestra em Fonoaudiologia. Doutora em Educação, ambos pela UNESP. Atualmente, é preceptora e professora do Centro Universitário das Faculdades Metropolitanas Unidas (FMU) e membro do grupo de pesquisa do CNPq "Linguagem, Aprendizagem, Escolaridade". Tem experiência na área de Fonoaudiologia, com ênfase em educação e linguagem.

RAQUEL MARIA BIRAL FACONTI

Pedagoga pelo Centro de Estudos Superiores de Londrina (1990) e Mestra em Educação pela Universidade Estadual de Londrina (2006). Atuou como Docente da Faculdade Pitágoras de Londrina/PR (2008-2014). Coordenou o TCC do Curso de Direito da Faculdade Pitágoras (2013-2014). Docente Convidada da Universidade Estadual de Londrina, Universidade Norte do Paraná e Faculdades Catuaí para Cursos de Especialização Latu Sensu. Pedagoga com atuação na Especialidade de Psicopedagogia Clínica desse 1991. Atuou como Orientadora Educacional do Ensino Médio do Colégio Universitário de Londrina e Assessora Psicopedagógica do mesmo colégio (2013-2018). Tem experiência na área de Educação, com ênfase em Psicologia Educacional, Psicopedagogia e Reabilitação Humana. Já foi docente das Faculdades Integradas Vale do Ivaí, Ivaiporã/Pr e da Faculdade Catuaí, Cambé/Pr.

RENATA GRAZIELE MORINI ALBRECHT

Fonoaudióloga e Psicopedagoga. Doutora e Mestra em Fonoaudiologia pela Universidade Estadual Paulista "Júlio de Mesquita Filho" – FFC/UNESP – Marília -SP. Especialização em Motricidade Orofacial. Membro do Grupo de Pesquisa do CNPq "Linguagem, Aprendizagem, Escolaridade" da Faculdade de Filosofia e Ciências da Universidade Estadual Paulista – FFC/UNESP. Atua como fonoaudióloga e psicopedagoga no âmbito clínico e educacional, desenvolvendo ações voltadas à avaliação, intervenção e consultoria para profissionais da educação.

THAÍS CONTIERO CHIARAMONTE

Fonoaudióloga. Mestra em Distúrbios da Comunicação Humana e Doutoranda em Educacão pela FFC/UNESP. Pesquisadora do Laboratório de Investigação dos Desvios da Aprendizagem (LIDA - FFC/UNESP). Membro do Grupo de Pesquisa do CNPq "Linguagem, Aprendizagem, Escolaridade". Neuropsicopedagoga. Fonoaudióloga Educacional da Secretaria Municipal de Educacão de Araçatuba-SP.

ANOTAÇÕES

Construindo ideias
e conectando mentes

Este livro foi composto com tipografia ITC Berkeley Oldstyle Std
e impresso em Papel offset 75gr. em outubro de 2024.